汉语言文学基础

与课程教学研究

青文婷 / 著

吉林文史出版社

图书在版编目（CIP）数据

汉语言文学基础与课程教学研究 / 青文婷著. –长春：吉林文史出版社，2023.7
ISBN 978-7-5472-9585-4

I.①汉… II.①青… III.①汉语－教学研究－高等学校 IV.①H19

中国国家版本馆 CIP 数据核字（2023）第 139636 号

汉语言文学基础与课程教学研究

HANYUYAN WENXUE JICHU YU KECHENG JIAOXUE YANJIU

著　　者　青文婷
责任编辑　弭　兰
装帧设计　品诚文化
出版发行　吉林文史出版社有限责任公司
地　　址　长春市南关区福祉大路 5788 号
印　　刷　四川科德彩色数码科技有限公司
开　　本　710mm×1000mm　1/16
印　　张　14.5
字　　数　205 千字
版　　次　2023 年 7 月第 1 版
印　　次　2023 年 7 月第 1 次印刷
书　　号　ISBN 978-7-5472-9585-4
定　　价　68.00 元

前　　言

中华文化源远流长、博大精深。经历了数千年的发展，汉语言文学已经成为我国五千年历史长河的文化结晶，体现出深刻的文学内涵与艺术价值。汉语言文学独具民族特色，对中华文明的形成和发展具有重要意义，对中国传统文化的继承和发扬也具有重要贡献。

现如今，随着我国经济的快速发展，大众的文化水平有了显著提高。在我国各大高校，汉语言文学专业很早便作为重要专业开设了，并为中国的文学事业输出了大量人才。近年来，随着市场经济的不断调整，经济发展状况和教育理念也有了不同程度的改变，传统的汉语言文学人才培养方式已远不能满足现代教育的需要。在汉语言文学专业人才培养的新形势下，如何培养出新时代文学人才，更好地传播中国传统文化及推动汉语言文学的发展，已经成为各大高校共同面临的问题。

本书从语言与汉语的相关研究入手，对语言、现代汉语、语汇、语法等概念和现代汉语的发展情况进行了概述；接着对现当代汉语言文学的形成、发展进行深入仔细的分析探究，着重论述了汉语言文学与人的修养、汉语言文学的审美教育、汉语言文学的语言意境以及文学文本与文体种类等内容；随后讲述了汉语言文学与汉语言文学教学中存在的问题，对中国古代文学课程教学方法以及信息化时代高校文学课程教学改革的实践路径进行探究，对汉语言文学教学工作具有较高的参考价值。

因著者知识水平、文字表达能力有限，本书在专业性上存在一定不足。对此，希望各位专家、学者和广大读者能够予以谅解，并给予批评指正。

目 录

第一章　语言与汉语的研究

第一节　语言的相关概念

一、语言与共同语

（一）语言

要想学习现代汉语，首先应了解什么是语言。

有人认为，语言就是我们说的话。这个观点虽然有一定的道理，但是并不准确。这个观点只考虑了语言在日常生活、工作中的运用，以及语言与人类千丝万缕的联系，但并没有触及问题的本质。

我们应从社会功能和内部结构这两个不同的角度来观察、认识语言的概念。

从社会功能的角度来看，语言是人类最重要的交际工具。

人类是高度社会化的动物，在社会生活中需要相互沟通、交流思想。因此，人类在劳动过程中创造了语言，并将语言作为表达和接受思想的工具。语言是人类相互联系的桥梁，没有语言，人与人之间就无法沟通，人类社会就如同一盘散沙。

语言还是人类思维存在的物质形式，思维不可能离开语言而独立存在。虽然人类的语言多种多样，但是人类的思维形式一定会与某种语言形式相联系。这是因为，思维离不开具体的概念，必须在概念的基础上进行判断、推理以及综合分析，必然会运用与概念相联系的语言。由此可见，思维活动以及思维活动成果的传递和表达都离不开语言；哪里有思维活动，哪里就有语言。

社会是由经济基础和上层建筑构成的整体，而语言是社会的产物，是社会特有的一种现象。语言的发展受社会制约，随着社会的产生而产生，随着社会的发展而发展，随着社会的消亡而消亡。总之，语言自始至终都与人类社会紧密相连，所有社会事件都会反映在语言中。可以说，语言的本质特性就是社会性。其社会性体现在以下四个方面：

第一，不同的民族有不同的语言。语言是区分不同民族的主要特征之一，不同的语言是各个民族选择不同的语音形式来表达某种意义的结果。语言是由一个民族的成员集体创造的，该民族的全体成员在人际交往的过程中应共同遵守其使用规范。

第二，同一个民族的语言具有不同的地方色彩。现代汉语中的湘方言、粤方言、闽方言、吴方言等的不同特点，尤其是语音的差别，只能从社会角度加以解释。

第三，语言随社会的变化而变化，随社会的发展而发展。不具有社会性的事物不可能对社会的变化与发展这样敏感。例如，随着电视、电影、电脑、光盘这些事物的出现，语言中也相应地增加了"电视""电影""电脑""光盘"这些新词以适应社会需求；而山峦、河流、植物等事物则不会因社会发展而主动做出改变。

第四，虽然人类具有使用语言的能力，但人类必须经过学习才能掌握某种语言。语言的习得与社会密切相关，如一个在美国长大的中国人能熟练地运用英语，以及一个在中国长大的非洲孩子能熟练地运用汉语就是由社会环境造成的。

从构成特点来看，语言是一套音义结合的符号系统。符号是指代某种事物的标记、记号；语言符号则是指由一个社会的全体成员共同约定的，用来表示某种意义的标记和记号。

符号必须具备三个条件：一是具有外在的形式，以此让人感知到它的存在，如声音、色彩、线条等；二是代表一定的意义，从而具有存在价值；三是得到社会成员的认可接受，这样才能传播开来，并在全社会中广泛使用。例如，教师在学生的作业本上打一个"√"表示正确，打一个"×"表示错误，此时的"√""×"具备符号的三个构成条件，是真正意义上的符号；学生在教科书上随意画的"√""×"，由于不具备符号的三个构成条件，所以不属于符号。

语言符号与一般符号之间存在很多区别。第一，语言符号是声音和意义的结合体。语言符号的形式是声音，即语音，而不是色彩、线条等。第二，一般符号的构成比较简单，而语言符号的构成非常复杂，可以分为音位层和符号层，每一个层次都包括相当数量的符号单位。第三，一般符号构造简单，因而只能表达有限的内容，且内容是简单而固定的。例如，交通信号灯，红灯亮表示停止前进，绿灯亮表示可以通行；古代战场上，击鼓表示进攻，鸣金表示收兵，在烽火台上放火表示敌人正在靠近；现代军营还用号声表示起床、休息等。语言符号则可以表达丰富多彩的内容，人类的种种复杂思想都可以通过语言表达出来。例如，可以用"死亡""逝世""殉职""就义""牺牲""驾鹤西归"等词语表示不同身份的人死亡。第四，语言符号具有以少驭多的生成机制以及生成新结构的能力，具有生成性和开放性的特点，可以由较少的单位组合成较多的甚至无穷的单位，还可以由一个句型类推出无数的句子。这也是我们能够通过学习来掌握一门语言的原因。可以说，以少驭多是语言符号的核心。

综上所述，语言是人类最重要的交际工具和思维工具，是社会成员共同约定创造的、音义结合的符号系统，是人类社会特有的现象，是高度社会化的产物。

人类可以通过两种方式运用语言，一是声音形式，二是书面形式。口语和书面语是语言存在的具体形式。

（二）共同语

同一个事物在不同地区有不同的名称，如土豆又叫马铃薯、山药蛋、玉米又叫苞谷、棒子、珍珠米，卷心菜又叫圆白菜、莲花白等。

共同语是一种在方言的基础上建立起来的一个民族或一个国家通用的语言。共同语是在社会打破地域隔阂、走向统一时出现的，是语言的一种高级形式，有需要共同遵循的标准和规范。

人类社会在不断地发展，当社会发生分化时，语言也会发生分化；当社会高度统一时，语言也会统一。在一个统一的社会，地域方言或语言间的分歧会妨碍人们在全社会范围内进行交际。例如，一个说粤方言的人和一个说闽方言的人，完全听不懂对方说的话。这种状况不仅不利于巩固社会统一，也不利于经济文化建设。

因此，人们需要以共同语作为交际的中介语。共同语是为了顺应社会需求而出现的，是一个国家或民族发展到一定阶段的必然产物。共同语具有特殊的地位，推广民族共同语是为了消除方言之间的隔阂，而不是为了禁止和消灭方言。因此，方言和共同语会在较长一段时期内共存。方言是地域文化的载体，在一定的地域范围内具有较大的影响，不能被人为消灭。但是，随着社会政治、经济、文化的发展，其影响会逐步减弱，使用范围会逐步缩小。

二、语音

（一）语音及其性质

语音是由人的发音器官发出的声音，是语言得以存在的形式。不同的语音所表达的意义不同，因此，说话时要正确地使用语音，否则就不能确切地表达想法，还会引起他人的误解。

认识语音，首先要认识语音的基本特点。语音具有物理性质、生理性质和社会性质这三种属性。

1. 语音的物理性质

自然界的各种声音都是由物体振动产生的，振动的物体就是发声体，发声体振动会带动物体周围的传声介质发生振动，从而形成声波传入耳朵，引起听觉神经的反应。可以用水波来比喻声波，当向平静的水面投掷一块石头时，水面会出现一圈圈的波纹，并迅速向四周扩散，离中心越远的波纹越弱。声音也是这样，听到的声音大小同与发声体的距离有很大关系。

声音都有长短、强弱、高低，可以通过音调、音强、音色这三个要素来具体认识语音的物理特点。

（1）音调

音调指声音的高低，由发声体振动的频率决定。发声体振动的频率越高，发出的声音的音调就越高。例如，在相同的时间内，第一个物体的振动频率是 100 次，第二个物体的振动频率是 60 次，那么第一个物体发出的声音的音调就比第二个物体的高。汉语的声调就是由音调变化而来的，由此可见，音调具有区别意义的作用。语音的音调不同于音乐的音调，语音的音调是相对音调，是一个人的发声体在特定频率范围内发出的音调；而音乐的音调是绝对音调，如在合唱时，无论男女老幼，所有人的音调必须一致。

（2）音强

音强指声音的强弱，由发声体振动的幅度（振幅）和离声源的距离决定。音强与发声体的振幅有关系，振幅越大，声音就越强；振幅越小，声音就越弱；人和声源的距离越近，音强就越大。在嘈杂的场所，需要大声说话才能使他人听到，在不想让无关人士听到说话内容时，则会对听话人耳语。词语和语句中的轻重音就是由音强决定的。

要注意区分音调和音强。音调取决于物体的振动频率，即在单位时间内物体振动的次数。音强取决于声波振动的幅度和距离，振幅越大、距离越近，声音就越强。例如，音乐中的中音 5 和中音 1，由于它们发音时的振动频率不同，便不会因为发音振幅而改变音调。

（3）音色

音色指声音的个性特色，也称"音质"。音色是由声波振动的形式决定的，不同的发声体、发声方法、发声时共鸣器的形状，会形成不同的音色。例如，琵琶和二胡的音色不同，是因为它们的发音方法不同，琵琶是手指弹拨发声，二胡是使用弓摩擦弦发声。语音中的音素 i 和 ɑ 都是口腔发音，但是不同的人的声带、口腔的开口度不同，共鸣器的形状不同，于是就发出了不同音色的声音。正是因为音色不同，才能根据声音判断出是谁在说话。

声纹学就是在语音物理属性的基础上建立起来的，其成果已经在现实生活中得到应用。由于人体结构的差异，每个人的音色都不一样，就像人的指纹一样，具有独特性。通过音色，甚至可以判断出一个人的高矮、胖瘦、年龄、居住地域以及职业等。因此，机器可以通过比较声纹，从数以百万计的人群中找出一个人，这对刑事案件的侦破工作具有非常重大的意义。

2. 语音的生理性质

可以通过人体的发音器官来具体认识语音的生理性质。人体的发音器官根据发音功能，可以分为动力部分、发声部分和调节部分。

动力部分主要由肺和气管等呼吸器官构成。肺是发音的动力站，气管是输送气流的通道。在发音时，肺部的活动使气流经气管呼出，气流再经喉头、声带、口腔和鼻腔的调节，产生各种不同的声音。

发声部分指喉头以及内部的声带。喉头由几块可以活动的软骨构成，声带由两片富有弹性的薄膜构成。发音时，喉头的软骨会牵引声带，使声带或松或紧，或开或闭，从而发出不同的声音。

调节部分主要指口腔和鼻腔，是发音的共鸣器。口腔中的舌头非常灵活，能够前伸或后缩、平放或上翘，通过改变共鸣器的形状来调节气流，从而形成不同的音素。例如，口腔微开并保持开口度不变，舌头自然平放，发出的音素是 i；舌头略微后缩，双唇拢圆，发出的音素则是 u；口腔大开，发出的音素则是 a。

语音的物理性质和生理性质，合称为语音的自然属性。

3. 语音的社会性质

语音的社会性质可以从两个方面来认识：第一，语音具有民族特征，不同民族的语言具有不同的特点。例如，汉语普通话中的 b 和 p 具有不同的作用，如果将 b 读成 p，表达的意思就会完全不同；而在英语中，将 b 读成 p 并不影响语意的表达。由此可见，同样的音素，在不同语言中的作用并不相同。第二，语音具有地方特征。同一种语言，在不同地域中的语音也会存在差异。例如，普通话中有舌尖后音 zh、ch、sh、r，而我国南方地区的诸多方言则没有这些音素。

（二）语音单位

音素是从自然角度划分的最小语音单位，没有辨义作用；音位是从社会性质角度划分的具有区别意义作用的最小语音单位。音素和音位既有区别，又有联系。从不同的角度来看，同一个语音单位，既可以是音素，也可以是音位。音位的划分必须以音素为基础，因为在一定的语境中，每个音位必须通过具体的音素形式才能表现出来。例如，普通话中的声母 b、p、m，从自然属性角度看是音素，从社会属性角度看是音位。

音位是对音素的概括和归纳。例如，普通话音节 ya、dai、jian、hao、hua 中的 a，从自然属性角度来看，由于受前后音素的影响，它实际上是 5 个不同的音素，在国际音标中需要用 5 个不同的符号来记录。

音节是语音的基本结构单位。在汉语中，可以通过听觉来分辨语音单位。

音节是音素按照一定方式构成的，有些音节由一个音素构成，有些音节由元音和辅音构成。音素组合成音节在不同的语言中有不同的方式，这正是语音的社会属性的反映。例如，现代汉语普通话的音节中，只有鼻辅音 n 和 ng 可以出现在音节末尾，其他辅音只能出现在音节前面，更没有几个辅音连续出现的情况。而在英语中，辅音可以出现在音节前后，如hat（帽子）、map（地图），几个辅音也可以连续出现，如 stand（站立）、best（最好）。

1. 元音、辅音

根据音素的特点，可以将音素分为元音和辅音两大类。可以从以下四个方面来具体认识元音和辅音的区别。

第一，受阻情况不同。元音是发音时呼出的气流不受口腔任何部位阻碍而形成的音素，如 a、e、i、o 等。辅音是发音时呼出的气流受口腔某个部位阻碍而形成的音素，如 b、p、d、t 等。

第二，声带振动情况不同。在发元音时，声带一定振动，声音响亮；在发辅音时，声带大多不振动，声音一般不响亮。

第三，气流强弱不同。发元音时的气流一般较弱，发辅音时的气流一般较强。

第四，发音器官状态不同。在发元音时，发音器官的各个部位都会保持紧张状态；在发辅音时，只有形成阻碍的部位会保持紧张状态。

2. 声母、韵母、声调

汉语音节根据结构特点，一般分为声母、韵母和声调三个部分。

声母是一个音节最前面的辅音音素。例如，音节 kuai、le（快乐）的辅音音素 k、l 就是声母。

韵母是指音节中除声母以外的其他音素，也就是位于声母后面的音素。韵母可以是一个音素，也可以由几个音素组成。例如，音节 kuai、le（快乐）中的 uai 和 e 就是韵母。

声调是表示一个音节高低升降的调子。例如，在 tian、shang（天上）这两个音节中，第一个音节的声调是比较平的平声，第二个音节是从高到低的降调。

在汉语音节中，充当声母和韵母的音素由音质变化形成，是音质成分；声调由音调变化形成，是非音质成分。例如，音节 zhang（张），其声母是 zh，韵母是 ang，声调是阴平调。

普通话中有 21 个辅音声母、39 个韵母、4 个声调。在普通话语音系统中，声母和韵母可以构成 400 余个基本音节，还可以与 4 个声调构成 1300 多个音节，这反映了普通话语音单位组合众多的特点。同一类中的各个单位具有相同的组合功能。例如，舌面前辅音声母只能同齐齿呼、撮口呼韵母组合，不能与开口呼、合口呼韵母组合；舌根音声母则相反，它只能同开口呼、合口呼韵母组合，不能同齐齿呼、撮口呼韵母组合。语音单位的组合构成了语音系统。

三、语汇与语法

（一）语汇

语汇，也叫"词汇"。顾名思义，语汇是一种语言中词和语的总汇，如汉语语汇、英语语汇、俄语语汇等；语汇也可以指某一个特定范围内的词语的总汇，如古代汉语语汇、近代汉语语汇、现代汉语语汇是指汉语的三个不同发展阶段所使用的词语的总汇，吴方言语汇、粤方言语汇、官话方言语汇是指现代汉语中三个不同方言的词语的总汇，鲁迅语汇、老舍语汇、《红楼梦》语汇是指一个作家或一部作品所使用的词语的总汇。

总之，语汇是一种语言中的词以及熟语的集合体，单个的词语不能称为语汇。有人常常把语汇和词语混为一谈，用语汇代称词语，如"我不理解这个语汇的意义""读了这部小说，我学会了好几个语汇的用法"，这是不正确的。

语汇是语言的重要组成部分，人们平常使用语言进行交际，无论是同时同地的口头交际，还是异时异地的书面交际，都离不开语汇。如果说语言是一座大厦，那么语汇就是构成这座大厦的建筑材料。一个人掌握的语汇越多，对这些语汇的特点就了解得越细致，在交际时选择词语的空间就越大，语言表达也就越生动。古今中外的著名作家，之所以能够写出动人的篇章，是因为他们掌握了丰富的语汇材料。

（二）语法

语言作为社会成员相互之间表达思想的媒介，如果没有一套大家共同遵守的规则，就会出现五花八门的组合结果。例如，"在""风景""湖边""看""我"，可以组成"我在湖边看风景""我湖边在看风景""风景在湖边看我""风景我看在湖边""我风景湖边在看"等组合，但实际上我们只能看懂第一种组合。不同的组合表达的意义差别非常大，例如，"三天锻炼一次""一天锻炼三次""一次锻炼三天"这三个句子虽然都使用了相同的词语，但是词语的组合顺序不同，表达的意义也不同。以上三个组合遵循了语言单位组合的规则，这种大家共同遵守的语言单位组合规则就是语法。

语法规则贯穿于整个语言体系，如果没有语法规则，我们就无法把词语组织成语句。语法就像一条看不见的红线，把单个的词语巧妙地串成句子来表达我们的思想。

任何一种语言都有其约定俗成的语法规则，每个语言使用者都必须遵守、了解语法的相关知识，正确地使用语言。

语言结构可以分为不同的单位，从小到大排列，依次为语素、词、短语、句子。这些单位可以按照一定的规则相互组合成更大的单位，如语素和语素组合成词，词与词组合成短语，词或短语组合成句子。

下面以词的组合为例，来说明在组合语言单位时，需要注意的三个问题。

1. 符合语法关系

词与词的组合，必须注意词的语法特点、语法功能，弄清楚哪些词能搭配，哪些词不能搭配。例如，动词可带名词做宾语，但不及物动词不能带宾语。"我们示威敌人"就是一个病句，因为"示威"是不及物动词，不能带宾语；"枪声惊慌了战马"也是一个病句，因为"惊慌"是形容词，不能带宾语。

将词与词组合成句子需要遵循以下五种基本的语法关系，这五种语法关系贯穿于各级语言单位的组合。

①陈述关系——太阳出来了。

②修饰关系——鲜艳的花朵。

③支配关系——阅读武侠书。

④补充关系——跑得非常快。

⑤联合关系——香港和澳门。

2. 符合事理逻辑

词与词的组合必须符合常理，符合词语所代表的现象之间的实际关系。[①] 例如，当动词"吃"指"把东西送入口中咽下"这个含义时，只可以说"吃米饭""吃面条""吃糕点"，而不能说"吃木头""吃石子""吃空气"，不然违反了事理逻辑。可以将"月亮"与"圆""缺""明亮"组合在一起，因为月亮本身具有这些现实特征；但不能将"月亮"与"香""甜""酸溜溜"等词语组合在一起，因为月亮不具备这些现实特点。可以说"打破了瓶子""打破了盘子""打破了杯子"，但不能说"打破了老鼠""打破了狐狸"，因为与"打破"搭配的对象必须是无生命的东西。可以说"摔断了手""摔断了腿""摔断了胳膊"，但不能说"摔断了脑袋""摔断了皮肤""摔断了眼睛"，因为"摔断"的对象一般是长条形的东西。

3. 符合语言习惯

语言中的某些习惯说法可能不符合语法，也不符合事理，但已经约定俗成。这类说法不能用语法规则来分析，也不能用同义的语义联系来解释。它是一种特例，扩展了一个词的组合范围。

需要注意的是，习惯说法是不能类推的。例如，我们可以说"养伤""养病"，不能说"养感冒""养癌症"；可以说"消除疲劳"，不能说"消除重病"。习惯说法虽然是语言中的特殊规律，但是我们不能因此否定词语组合的语法与逻辑限制。语法关系、语义联系、语言习惯，这三个方面

---

①文炼. 谈谈汉语语法结构的功能解释 [J]. 中国语文，1996 (6)：401−404.

可以说是不同语言共同的组合要求。

四、语言的符号与运用技巧

(一) 语言的符号——文字

1. 文字的概念

文字有两种含义，一种是指用来记录语言的书写符号体系，另一种是指用文字记录的书面语言。一般所说的文字指的是前者，即用点和线条构成的记录语言的书写符号体系。

文字是在有声语言的基础上出现的，是语言在书面上的符号。同所有符号一样，文字符号也有能指和所指两个方面。能指是文字的形式，由不同的点、线按一定方式组合而成；所指是文字的内容，也就是语言，包括语音和意义。任何一种文字符号都是用来记录语言的，它既代表声音，又表示意义，必定要和语音、语义产生联系。例如，"女"和"马"可以构成"妈"，表示"母亲"的含义；英语用 m、o、t、h、e、r 六个字母组成"mother"，表示"母亲"。由此可见，虽然不同的文字系统记录语言的方式不同，但它们都遵循了"文字依附于语言而存在"的原则。我们要正确运用文字，通过文字，准确地传递信息。

文字记录语言最突出的作用是拓宽语言使用的空间范围，把属于听觉方面的有声语言符号凝固于书面，将其转变为无声的、视觉方面的符号，从而突破有声语言传递信息的时间和空间局限，延伸语言的功能，弥补有声语言在使用方面的不足。

2. 汉字

汉字是记录汉语的书写符号系统，是由汉民族在长期的生产实践中创造出来的。汉字是世界上最古老的文字之一，目前在世界范围内发挥着越来越大的作用，具有旺盛的生命力。契丹、西夏、党项、女真等少数民族通过模仿汉字，创造了其独特的文字系统，从而形成了汉字文化圈，即曾用汉字书写并在文字上受汉字影响的区域，具体指以中国为主体，包括韩国、日本、东南亚诸国在内的使用汉字的国家。学习、了解、研究汉字，对于发扬汉字的优点、促进汉字的发展具有十分积极的意义。

世界上所有的文字，根据其记录语言的方式，可以分为拼音文字和非拼音文字两大类。英文、德文、法文等都属于拼音文字，它们的语音与字形结构具有对应关系。汉字属于非拼音文字，它的字形结构与所记录音节中的音素没有对应关系。无论是记录语言的方式，还是自身的构造形式，汉字都不同于其他文字体系。

汉字的神奇之处还在于，它能在书面语上统一不同的方言。这种功能在无形中维护了汉语的统一，可以说是汉字对汉民族文化发展最独特的一大贡献。

汉字结构的独特内涵形成了许多有趣的汉字文化现象，最典型的莫过于书法和篆刻这两种享誉国内外的汉字艺术，将文字做成艺术品，是在世界范围内都少有的文化现象。在诗文中，对偶、顶真、回环、析字、互文等，都是汉语独有的修辞格。将"月冷霜华洁影芳花"这八个字的首尾相接，排列成一个圆圈，可以读出四言、五言、六言、七言诗各32句，共128句。例如，"月冷霜华，洁影芳花；冷霜华洁，影芳花月……""月冷霜华洁，洁影芳花月；冷霜花洁影，影芳花月冷……""月冷霜华洁影，洁影芳花月冷；冷霜华洁影芳，影芳花月冷霜……""月冷霜华洁影芳，洁影芳花月冷霜；冷霜华洁影芳花，影芳花月冷霜华……"，等等。

（1）汉字的特点

认识汉字的特点，有助于正确地使用汉字。汉字的主要特点有三点。

第一，汉字在语音上代表音节，一个汉字是一个音节。第二，汉字在意义上代表语素，绝大部分汉字都表示语素，具有独立的读音和意义；只有少部分汉字必须把几个汉字组合起来才具有意义，这类汉字被称为联绵字，如"葡萄""枇杷""妯娌""蹁跹""窈窕"等。第三，从内部结构来看，汉字具有理据性，包含着丰富的汉民族文化信息。大部分汉字的结构成分都与字音或字义有联系，甚至可以通过汉字的内部结构来分析古代的风俗、社会发展、认识水平等。例如，"贺""资""贷"这些与经济活动有关的汉字，都使用了"贝"字旁，反映了古代汉民族采用贝壳充当货币的历史。此外，从形体看，汉字具有明显的方块特征，属于方块平面型文字。当然，汉字的这些特点是和拼音文字相比较而言的。

拼音文字的字母组合一般是单向行进的，或从左到右，或从右到左，或从上到下，以一个词中音素组合的先后顺序来排列字母，具有线性特点，并且一个词的音素数量不一，词形长度各不相同。汉字的笔画、偏旁则是多向行进的，时左时右，时上时下，或左右上下同时多向展开。汉语独有的对偶修辞格，与汉字结构的这个特点不无关系。

（2）汉字的结构单位

汉字的结构单位分为笔画和偏旁两种。笔画是构成汉字字形的各种点和线，是构成汉字字形最小的、最基本的结构单位。除了"一""乙"等一笔构成的汉字以外，绝大多数的汉字都由许多不同的笔画构成，如"毛""手""王""都""郭""部"等。据统计，大部分汉字的笔画在6—12画之间，现代常用汉字的平均笔画为10画。[①]

不同笔画呈现出的不同形状被称为笔形。点、横、竖、撇、捺是构成汉字形体最基本的五种笔形，汉字"术"可以作为这五种笔形的代表。基本笔形运笔方向的改变和相互之间的联系，又产生了提、折、钩这三种笔形，"刁"字可作为这三种笔形的代表。点、横、竖、撇、捺、提、折、钩是构成现代汉字的八种主要笔形。这八种主要笔形在具体运用中又衍生出许多变化笔形，如竖钩、斜钩、弯钩、卧钩等。

以笔画为直接单位组合而成的汉字叫作独体字，其结构是一个整体，无法分开，如"人""手""毛""水""土""本""甘"等字。独体字大多来源于古代的象形字和指事字，笔画形状及笔画组合因字而异，不能类推。初学汉字的人感到汉字难学，与此不无关系。独体字在整个汉字系统

---

①喻柏林，曹河圻. 汉字结构方式的认知研究 [J]. 心理科学，1992（64）：5—10.

中的数量并不是很多，但所占的地位十分重要，绝大部分都是合体字的构成部件，构字能力极强。例如，以"木"为偏旁的现代常用汉字就有400多个，以"口""人""米""雨"为偏旁的汉字也相当多。独体字可以说是汉字系统的核心。掌握这些常用的独体字后，学习其他汉字的难度会大幅降低。

绝大部分汉字都可以分出两个以上的基本构成单位，这种构字的基本单位被称为偏旁。偏旁由笔画构成，是比笔画大的构字单位。例如，"思""鸣""需""穿"等字就是由两个偏旁构成的。每个偏旁的名称以及在字中的位置一般是固定的。为了便于说明，人们还根据偏旁在字中位置的不同，给各个偏旁设定了不同的名称：偏旁在上的称为"头"，如草字头（"花""苗"）、宝盖头（"家""安"）等；偏旁在下的称为"底"，如心字底（"态""怨"）、皿字底（"孟""盅"）等；偏旁在左右的称作旁，如竖心旁（"情""恨"）、单人旁（"仁""们"）、提手旁（"拉""推"）、立刀旁（"刘""剃"）等。学习汉字要注意区分易混偏旁，如衣字旁（"衬""衫"）和示字旁（"祈""祷"）、建字底（"建""延"）和走字底（"边""辽"）、草字头（"菅""芋"）和竹字头（"管""竽"）等。

现代汉字的偏旁最初也是一个独立的字，但经过汉字字体的发展演变，有些偏旁的形体发生了很大的变化，已不能独立成字，只是作为构字要素存在于汉字系统中。例如，"水""心""手"在"浪涛""惭愧""推拉"等汉字中，分别变成了三点水、竖心旁、提手旁。

根据偏旁在字中的意义作用，现代汉字的偏旁可分为表义偏旁、表音偏旁、记号偏旁三种类型。表义偏旁是指表示字义特征、类属的偏旁，它表示一个汉字所属类别的意义，而不表示具体的意义，如"鸠""鹏""鹄"中的"鸟"。表音偏旁是指表示字音的偏旁，如"湖""蝴""糊"中的"胡"。从现代汉字的角度来看，有些表音偏旁已经失去了表音的作用，但它们仍然属于表音偏旁，如"治""怡"中的"台"。记号偏旁是指汉字中与字音和字义没有任何关系的偏旁，它们的主要作用是区别字形。记号偏旁是汉字在发展演变过程中通过改造原来的表音偏旁和表义偏旁而形成的，这些偏旁的笔画结构比原来的偏旁要简单许多。例如，"欢""汉""仅""对""戏""鸡""邓""树""轰""聂"字中的偏旁"又"，它与字音和字义都没有联系，只是纯粹区别字形的符号。

从偏旁构字的角度来看，汉字的构成并不是杂乱无章的，而是具有一定规律的。有些汉字由于在字义上相关联，在构字时会使用同一个偏旁来表示。现代汉字字典的编纂者根据汉字结构的这个特点，将一组汉字共有的偏旁提出来做标目，以便排列和查索汉字，这个被用作标目的偏旁就是部首。部首和偏旁不同，部首是字典中排列汉字的依据，偏旁是汉字的结构单位名称；偏旁包含部首，偏旁的范围要比部首大得多，二者不能等同。

以偏旁为直接单位构成的汉字叫作合体字，合体字在汉字系统中占大多数，大多来源于古代的会意字和形声字。例如，"赶"由"走"和"干"构成，"烧"由"火"和"尧"构成，"呼"由"口"和"乎"构成。构成合体字的偏旁，最初都和字音、字义有联系，后来由于字义发展、语音变化、字形演变，这种联系就不太明显了。例如，"取"字，古人将战死者的耳朵割下作为记功的凭证，现在表示"拿、获得"的意思；又如"羞"从"羊"，表示这个字的意义同"羊"有关，据甲骨文，以手持羊，表示进献，但现在主要表示"羞涩"意义。

偏旁与偏旁组成合体字，其组合方式有左右结构、上下结构、内外结构等。例如，"保""佑""江""河"是左右结构，"花""草""忘""恩"是上下结构，"国""团""同""厅""氧""起""边"是内外结构。另外还有"品"字形结构，如"聂""轰""森""众""鑫""淼""磊"等字。以上这些基本模式还可以互相拼合，组成更为复杂的类型。例如"燥"字，从整体看是左右结构，右半部分又是上下结构，右上部分又是"品"字形结构。一个合体字用一个已经十分复杂的结构成分充当构字偏旁，通过层层分析，可以看到多种组合方式。例如，"礴""凰""飙""罐"等字都包含了两种或两种以上的结构模式。

（二）语言的运用技巧——修辞

1. 为什么需要修辞

修辞有多种含义，本节所说的修辞，是指根据表达需要，对语言进行加工提炼的活动，是一种运用语言的技巧。修辞的目的不是平实表达，而是要在准确传递信息的基础上，将语言升华到艺术高度。请看以下两个例子：

①早春二月，田野上有雾。

②早春二月，田野上飘着轻纱一般的薄雾。

例①描述早春田野上的雾，属于客观平实的表达；而例②在客观表达的基础上加入了说话人对雾的主观感受：雾是飘着的，像轻纱一般，薄薄的。这样的描述超越了平实表达，将所描述的雾具象化，加深了人对雾的印象。这两个例子体现了修辞的作用，体现了运用语言技巧的价值。

要注意对修辞的两种误解：一是简单地认为修辞活动就是把话说明白、说清楚，使表达准确；二是认为修辞就是选择优美、华丽的辞藻来描述对象。由于这两种误解，有些人满足于把意思说清楚，但表达十分平淡，毫无动人之处，很难给人留下印象；有些人则使用大量优美、华丽的辞藻，机械地模仿名篇用语，但内容十分苍白。汉赋就以极尽华美而著称，但最终因走进了华丽的死胡同而没落。

语言中的词与句本身没有优劣之分，再平常的词语，只要使用恰当，就会收到不同寻常的效果，产生动人的力量。修辞活动的目的就是找到最贴切的形容，使语言表达达到艺术化的境界，充分突出语言的表现力，强化信息传递的功能。注重表达效果的修辞活动并非完全不讲究准确，而是在语言表达正确无误的基础上，运用得当的修辞技巧，达到生动感人、化腐朽为神奇的功效。

人们在进行语言描述时，非常注重求知与求美的和谐统一，既给人提供信息，满足人的求知欲，又给人以美感。例如，冼星海谱曲、光未然填词的歌曲《保卫黄河》的前三句："风在吼！马在叫！黄河在咆哮！"这首歌创作于 1939 年 3 月，歌词原稿是："风在吼，驴在叫……"光未然是根据自己的观察创作的这首歌，据说当年马匹都被征召入伍了，黄河两岸只有毛驴。贺敬之看了初稿后，建议将"驴"改为"马"。冼星海欣然接受了修改建议。这首歌一经推出，立即唱响全中国，成为广为传唱的抗战歌曲。贺敬之这个小小的改动，为歌曲增色了不少。

为什么要将"驴"改为"马"呢？从形象上来看，驴的个头矮小，而马高大威武。从文化内涵来看，驴在汉民族文化中具有懒惰、愚笨的含义；而马具有勤劳、勇敢的含义。所以，马更能代表中华民族英勇不屈的形象气质。由此可见，在进行修辞时，正确性固然重要，但也不能忽视艺术性。

言语表达要注意虚实结合，歌曲《保卫黄河》的歌词修改虽然看起来是虚的，但是给人的感觉是实的。比喻、比拟、夸张等修辞手法都具有以虚写实的表达效果。

2. 如何进行修辞

对语言进行加工提炼通常有两种方式：选择和创新。这是加工语言的具体方式，也是修辞的基本手段。其中，选择是修辞最基本的方式。

选择是指在众多同义表达手段中选择一种最贴切的说法。贴切是指选择的表意手段符合语境中的时间、地点、人物特点等因素。例如，贾岛在创作《题李凝幽居》中的"鸟宿池边树，僧敲月下门"时，对于使用"敲"还是"推"颇为踌躇，最后选定"敲"是因为"敲"能够体现出声响，更能衬托出夜的幽静，同时为"鸟宿池边树"做了很好的注脚，笃笃的敲门声惊动了树上的鸟，不然在深夜怎么会知道树上有鸟呢？如果选用"推"，诗中动静相映的意趣就没有了。

要注意的是，修辞上的同义手段涉及很多方面，不仅指语汇中的同义词，还包括音律、词义、句式等。

创新是指在语句中另辟蹊径，创造新的说法，以取得特殊的表达效果。修辞上的创新有两个方面：一方面是平凡词语新用，即打破一般词语的常规用法，平中见奇，使平凡的词语不平凡，将寻常的词语艺术化，从而给人耳目一新之感。例如，张玫同创作的歌词《水乡美》："滴翠的是山，流翠的是水，摇一摇云朵就有就有细雨飞；悠悠的是船，荡荡的是苇，晃一晃夕阳就见就见鸟儿归。咿呀喂，水乡嫩，咿呀喂咿呀喂，水乡美，踩你的花径怕你疼，走你的小桥怕你累，乌篷船划过来小阿妹，划过来小阿妹。"这首歌几乎句句都充满了创新表达，通过晓畅的词句，将江南的绿意、温润、娇美刻画得入木三分：山山水水都滴翠，摇一摇云朵就会见到细雨纷飞，甚至怕走路踩坏了美景。张玫同运用语言技巧，刻画出了人们心中对江南真切的感受。

另一方面是创造新词语、创造新的表达形式。当然，这些新词语只适用于特定的语境，而且大多是在原有语言格式的基础上创造出来的。创新表达能够实现传统的表达方式无法实现的表达效果，从而增强语言的艺术感染力。例如，白居易的《暮江吟》：

　　　　一道残阳铺水中，半江瑟瑟半江红；

　　　　可怜九月初三夜，露似真珠月似弓。

白居易不仅用"道"来形容残阳，还用动词"铺"将残阳这个无形之物化为有形之物。"半江瑟瑟半江红"的绝妙分配，更是入木三分地刻画出残阳洒在江面上时光影交错的绮丽景色，塑造出了绝美的艺术形象，凝聚了白居易的审美理想和审美情趣，闪耀着艺术创造的光辉，给欣赏者以美的享受。

无论是选择还是创新，其终极目的只有一个，就是让他人更好地接受自身所表达的信息，感染他人、影响他人。这正是修辞的最高境界。

（1）锤炼词语

为了更好、更准确地表达思想，对于句子中词语出现的先后顺序以及使用什么样的词语，需要用心琢磨，像冶炼钢铁那样不断锤炼，从原材料中选出最具独特性的材质。

词语是表达思想的最重要的单位，对语言表达具有极其重要的意义，在修辞中占有十分重要的地位。无论使用口语还是书面语，首先遇到的便是词语的运用问题以及词语的组织安排问题。

锤炼词语就是要"寻找唯一需要的词、唯一需要的位置"，从而准确、生动地表达思想。对此，法国作家福楼拜有一段十分精辟的论述："我们不论描写什么事物，要表现它，唯有一个名词；要赋予它运动，唯有一个动词；要得到它的性质，唯有一个形容词。我们必须继续苦心思索，非发现这个唯一的名词、动词、形容词不可。仅仅发现与这些名词、动词、形容词相似的词句是不行的，不能因思索困难，就用类似的词句敷衍了事。"因此，运用词语，只有恰到好处、贴切得当，才能通过这唯一的名词、动词、形容词，精准地传递自己的思想。

不同的人对词语的感受具有个性差异，词语修辞的目的就是使作者的暗示与读者的理解、联想、感受完美和谐地统一起来，从而产生共鸣。张九龄《望月怀远》中"海上生明月，天涯共此时"的"生"与"升"相比，格外动人，并且新颖别致。

古人把词语的选择、创新运用称为"炼字"，一个"炼"字，道出了古人在词语运用活动中的良苦用心。运用词语就像锤炼矿石一般，要沙里淘金，从一大堆矿石原料中冶炼出最有用的钢铁金块。炼字是为了达到简练含蓄、形象生动、新颖别致的表达效果。唐代大诗人杜甫被称为诗圣，他在炼字方面匠心独具，不仅留下了许多不朽的名篇杰作，还留下了许多锤炼词语的深刻体会。《江上值水如海势聊短述》中的"为人性僻耽佳句，语不惊人死不休"，道出了他的诗句为什么总是那么精妙的秘密。此外，贾岛在《题诗后》中的"二句三年得，一吟双泪流"，顾文伟在《苦吟》中的"为求一字稳，耐得半宵寒"，卢延让在《冲吟》中的"吟安一个字，捻断数茎须；险觅天应闷，狂搜海亦枯"等，都是古人炼字精神的真实写照。贾岛的"推敲"，不仅成流传文坛的千古佳话，还凝练浓缩成词语修辞活动的代名词。

语言文字是人类思想的延伸，运用语言既要遵从语言的自然习惯，又要在自然语言的基础上加工提炼。只有信息而无美感的语言是枯燥乏味的，只有美感而无信息的言语则是无意义的。运用词语如同音乐运用音符，美术运用色彩、线条，必须千锤百炼，千斟万酌。一个合适的词会使整篇文章熠熠生辉，令人过目难忘。

（2）词语修辞的主要内容

词语修辞要注意意义、色彩、音律。在意义方面，选择或创新的词语必须达到准确、生动、形象、新颖的要求。[①] 这几个方面的要求在平时的词语运用训练中可能是分开的，但在实际运用中则是统一的。例如，《中国人民志愿军战歌》第一句的原文是"雄赳赳，气昂昂，走过鸭绿江"，其中的动词"走"不可谓不准确，但是太过平常，没有表现出志愿军战士的精神面貌，而将"走"改为"跨"后，表现出的志愿军的精神风貌则完全不同，将军人一往无前、意气风发的精神体现得淋漓尽致。

试比较以下几组句子中的词语，分析原文和改文在表达效果上的不同。

①原文：迎来春天换人间。

改文：迎来春色换人间。（京剧《智取威虎山》）

②原文：眼看朋辈成新鬼，怒向刀边觅小诗。

改文：忍看朋辈成新鬼，怒向刀丛觅小诗。（鲁迅《无题》）

③原文：喜看稻菽千重浪，青年英雄下夕烟。

改文：喜看稻菽千重浪，遍地英雄下夕烟。（毛泽东《七律·到韶山》）

④原文：长江大河波浪宽，风吹稻花香两岸。

改文：一条大河波浪宽，风吹稻花香两岸。（乔羽《我的祖国》）

在词语色彩方面，要注意感情色彩和风格色彩的调配。

要熟悉感情色彩的调配，首先应弄清楚词的褒义与贬义。有些词的感

---

①贾君芳. 同语修辞的多维透视 [J]. 汉江师范学院学报，2003，23（1）：98—101.

情色彩是固定的，褒贬色彩突出，或用于正面，或用于反面，不能混淆。例如，"团结"是褒义词，一般用于己方；与之对应的贬义词是"勾结"，一般用于对立面。其次要注意词语在特定语境中的感情色彩。例如，"肥"通常用来形容动物脂肪多，用"肥"来形容人时，则有讥讽挖苦之意。曹禺的话剧《日出》中对潘月亭的描写是"一块庞然大物裹着一身绸缎"，描写人不用"个"而用"块"，用"裹"而不用"穿"，表明了作者对潘月亭这个角色的厌恶之情。最后要注意某些特定的语言格式也具有贬义色彩，如"所谓……""……之流"等。

风格色彩的调配，应分清口语和书面语的风格特点。口语词生动活泼，生活气息浓厚，富有表现力，如"嚷嚷""啰唆""合计"等；而书面语词则有文雅的风格特色，如"久仰""令尊""华诞""思绪""磋商"等。只有分清词的语体色彩，才能自然地运用词语，使语言符合人物的身份地位。

语音也是词语修辞所要考虑的重要内容。词语的声音调配，需要注意三个方面：一是音节的匀称，二是平仄的协调，三是音韵的和谐。只有做到这三点，才能使语句具有铿锵明快的节奏与整齐和谐的韵律，使词语具有丰富的表现力，增强话语的艺术感染力。词语语音的调配不只运用于诗歌、戏剧唱词，对于突出或强化记叙文中词语的意义也具有十分重要的作用。请看以下两个例子：

①远亲不如近邻，近邻不如110。（福州民警标语）

②他们的品质是那样的纯洁和高尚，他们的意志是那样的坚韧和刚强，他们的气质是那样的淳朴和谦逊，他们的胸怀是那样的美丽和宽广！（魏巍《谁是最可爱的人》）

例①采用了押韵的方式，使标语朗朗上口，易于传播。例②中的句子的末尾相互押韵，字音响亮，语势顺畅，很好地表现了对志愿军的赞美及热爱之情。

词语的修辞是一个永无止境的活动。比起句式的调整、修辞格的选用，词语修辞的难度更大、要求更高。想要用好词语，不但要进行长期的语言实践，还要培养细致观察生活的能力，善于发现事物的特征，并运用独到的方式描述，从而描绘出生动的意境。

第二节　汉语的研究

一、现代汉语概说

（一）现代汉民族共同语

1. 什么是现代汉民族共同语

现代汉民族共同语是现代通行的汉语，一般简称为现代汉语。具体来说，现代汉民族共同语是指"以北京语音为标准音，以北方话为基础方言，以典范的现代白话文著作为语法规范的普通话"。现代汉语普通话是我国的代表语言，是联合国使用的语言之一。

民族共同语以一种方言为基础。普通话选择以北京语音为标准音，以北方话为基础方言，以现代白话文著作为语法规范，并非出于偶然。马克思说："方言集中为统一的民族语言是由经济和政治的集中来决定的。"北京的建都时间超过 800 年；从古至今，中国的经济中心也一直在北方；唐宋以来的白话文学也都是以北方方言的形式创作的。这些政治、经济和文化等方面的原因，使北方话对全国各地方言的影响越来越大。因此，选择北方话作为普通话的基础方言完全符合汉语的发展规律。

现代汉民族共同语为语音、语汇和语法分别规定了不同的标准。

首先是语音。不同方言之间的语音差别最为突出，即使是在一个方言区内，也不可能有完全统一的语音标准。例如，湖南省就有"十里不同音"的说法。同时，由于语音的系统性很强，不可能杂凑，语音只能以一个地点的方言为标准。①

　　其次是词汇。普通话以北方话作为基础，之所以说"基础"而不说"标准"，是因为词汇的流动性大、渗透力强，系统性不如语音严整。

　　最后是语法。考虑到语法具有很强的抽象性、概括性和稳固性，而书面语是经过反复推敲加工的、比较成熟的语言，具有普遍性、定型性和稳固性，所以，以书面语作为语法规范最为合适。

　　2. 现代汉民族共同语的形成

　　现代汉民族共同语是从古代汉语发展演变而来的，确切地说，是在近代汉语的基础上逐渐形成的。

　　从近代汉语的历史发展来看，宋元时期以后，在北方话的基础上形成了两种明显的趋势：一种是新兴的书面语，即"白话"的蓬勃发展；另一种是和这种新兴书面语紧密结合的口语，即"官话"向各个方言逐渐渗透。

　　汉语很早就有书面语言，即我们所说的"文言"。这种书面语言也是在口语的基础上产生的，但是先秦以后，书面语与口语的差距越来越大，最终成为一种脱离口语的固定形式。"文言"不易学习，能够使用的人只占全民的极少数，因此，"文言"这种书面语言成为文人的专用品。于是，另外一种与口语直接联系的书面语——"白话"应运而生。"白话"是现代汉民族书面形式共同语的主要源头。宋元时期以来，各种用"白话"创作的作品层出不穷，如《水浒传》《儒林外史》《红楼梦》等诸多文学巨著。这些作品的语言虽然都或多或少地带有地方色彩，但基本上是以北方话为基础创作的。这些文学作品拥有众多非北方话区域的读者，促使他们也使用"白话"来写作，为北方话的推广奠定了基础。在口语方面，由于元、明、清三朝都定都于今天的北京，随着政治、经济的集中，以及大量"白话"文学作品的影响，以北方话为基础的口语很快在各地传播开来，

①詹伯慧. 试论方言与共同语的关系 [J]. 语文建设，1997（4）：31—34.

成为各方言区相互交际的工具。在当时，因为这种口语经常为官场中人所使用，所以人们将它称为"官话"。当然，官话的扩展还是落在"白话"后面，有很多非北方话地区的人通过文学作品学会了看甚至写"白话"。

20 世纪初，现代汉民族共同语的形成过程开始加速。辛亥革命前夕，"官话"这个名称被"普通话"代替。"普通话"一词最早出现于 1906 年朱文熊的《江苏新字母》。这一变化标志着"官话"突破了上层社会的狭小范围，开始向广大群众普及，得到了各地区人民群众的认可，获得了口语共同语的地位。五四运动前夕的"国语运动"和"白话文运动"，就是资产阶级民主革命要求语言统一的集中表现。前者要求口语统一，后者要求书面语统一。语文战线上的这两个运动，彼此呼应，相互融合，促进了现代汉民族共同语的形成。

中华人民共和国成立以后，政治、经济的迅速发展推动了汉语的变化，也提高了语言的社会交际效能。在口语方面，能说普通话的人越来越多；书面语已经基本统一，达到了原则上的"言文一致"。现代汉民族共同语在政治生活、经济建设和文化教育中发挥出巨大的作用。

（二）现代汉语方言

1. 什么是方言

不同的地域会对语言产生不同的影响，从而形成独特的语言表达体系，这就是方言。不同地域的方言就像是同一对父母的孩子，相互独立却存在某些相似之处，是一种颇为有趣的语言现象。

方言是语言的变异形式，是一种语言的地域变体。语言存在于方言之中，方言是语言的具体表现形式。每种语言都有自己的方言，如日语中的关西方言，德语中的高地德语和低地德语。英语是世界上使用范围最广的语言，英语在与世界各地语言接触的过程中形成了很多变体，如美国英语和英国英语。

方言差异的形成原因涉及很多方面，如地理阻隔、交通不便、人口迁移、语言接触等。人群迁徙带来语言分化，如客家方言、赣方言的形成，就与我国历史中因战乱而引起的人口大迁徙有着密切关系。高山大河的阻隔，影响人们的交际往来，在相对封闭的环境中，语言会向不同的方向发展，逐渐产生差异，最终形成方言。

语言是社会的产物，时时刻刻都受到社会发展变化的影响，但语言在不同地域的发展具有不平衡性的特点，方言就是语言发展不平衡性特点的直接反映。

结合历史考察，纵观汉语各个方言的情况，会发现这样一个事实：凡是经济发达、社会开放、交通便利的地区，语言的发展速度就相对较快；相反，经济欠发达、社会相对封闭、交通不方便的地区，由于与外界联系少，语言的发展速度就相对较慢，仍然保留着古代汉语的成分。例如，粤方言、客家方言音系以及闽方言中以厦门话为代表的闽南方言至今仍完整保留着古代汉语音系中的塞音韵尾－p、－t、－k；赣方言虽然保留了－t、－k 塞韵尾，但由于闭塞程度较轻，二者有混同趋势，属于塞音韵尾与喉塞音韵尾的过渡；在吴方言中，塞音韵尾彻底消失，变成了喉塞音韵尾；在官话方言中，塞音韵尾基本消失。这反映出汉语各个方言的发展速度和发展方向的确有差异。有人形象地将汉语方言中塞韵尾的不同变化比喻为三级火箭，现代汉语方言从北到南的发展变化速度由快到慢，越向南，方言中保留的古音特征越多。这种现象与我国历史上北方地区作为政治、经济、文化中心，社会发展变化速度快的特点相吻合。

有关学者的研究成果表明，南部方言更多地保留了汉语中古音的部分特征，中部方言保留了汉语近代音的部分特征，而北部完全是汉语现代音。中部的湘方言又体现出汉语发展的另一个方向，即保留古代汉语中塞音、塞擦音的清浊对立特点，这在老派湘方言中尤其明显；而新派湘方言中的浊音正在逐渐清化，向官话方言靠拢。

汉语的整体发展趋势是由北向南扩散。距离北方发达地区越远的地区，社会、经济、文化发展越落后，保留的古音特征就越多。

方言虽然是语言的变体，但是也可能演变为独立的语言。世界上大部分的语言，最初都是某种语言中的方言。由于汉语各个方言之间的差别很大，所以，西方的一些学者把现代汉语的方言看作不同的语言，但是现代汉语与方言之间的语音系统具有对应转换关系，各个方言都有共同的书面语言；更为重要的是，现代汉语各个方言的使用者都属于一个统一的民族。因此，汉语的各个方言是一种语言的内部地域变体，而不是独立的语言。

根据性质，方言可分为地域方言和社会方言。地域方言是语言因地域方面的差异而形成的变体，是语言在不同地域上的分支，是语言发展不平衡性特点在地域上的反映。社会方言是语言因同一地域的社会成员在职业、阶层、年龄、性别、文化教养等方面的社会差异而形成的不同的社会变体。地域方言和社会方言都属于同种语言的变体，只不过前者主要体现为地域环境中的差异，而后者主要体现为社会环境中的差异。地域方言和社会方言都是语言分化的结果，是语言发展不平衡性的体现；都不具有全民性特点，或通行于某个阶层，或通行于某个地域；都要使用全民语言的材料构成。地域方言和社会方言也有很多不同点，二者的形成原因、使用对象、内部差异、发展方向都不同。

可以发现，地域方言是平面铺开发展的，而社会方言的语音、语汇、语法建立在语言（或方言）的基础上。一般所说的方言是指地域方言。本书主要介绍现代汉语地域方言的有关情况。

2. 方言的分区和划界

从 20 世纪初期现代汉语方言学建立至今，虽然将汉语方言分为七大方言区的观点得到普遍承认，但仍有部分专家、学者对汉语方言分区持不同意见，并且随着方言的进一步发展和对方言的深入研究，可能还会继续出现不同的分区意见。

方言的划界具有相对性，虽然可以在方言地图上看到现代汉语七大方言区的边界线，但在现实中很难确定方言之间的界线，因为邻近地区的方言会互相影响，甚至出现"你中有我，我中有你"的情况。在现实生活中，方言界线的两边会呈现出以下四种情况：①双方泾渭分明，这种情况常常与山川阻隔有相当大的关系；②己方单一，对方具有己方的方言特征；③己方单一，对方具有多种特征；④双方都具有对方的方言特征。

现代汉语方言是在一定地域通行的语言变体，因此，对不同方言的命名，一般都会结合该方言所处地域的名称。在现代汉语七大方言中，除了客家方言是按其来历命名的之外，其他方言的名称都结合了其通行地域的特点或主要通行区域的行政区划名称，但要注意方言与行政区划名称涉及的地域并不完全一致，如粤方言不仅指广东话，因为广西壮族自治区也通行粤方言，同时广东省境内还通行客家方言；闽方言也不等于福建话，因为海南省及中国台湾地区也通行闽方言。因此，同一个地域会通行几种不同的方言，同一种方言也会分布在不同的地域。

现代汉语方言分区主要依据语音。一方面，方言是从古代汉语发展而来的，各个方言的语音之间具有非常严整的对应规律；另一方面，各个方言之间的语音差别非常明显。[①] 依据语音划分方言主要会考虑声母和韵母这两个因素。在声母方面会考虑浊声母和清声母的系统对立以及中古全浊声母的演变规律，还会考虑几套塞擦音声母以及中古精、知庄、章组声母和见组细音声母的演变规律。在韵母方面会考虑塞音韵尾以及中古入声韵的演变规律，还会考虑几种鼻音韵尾以及中古阳声韵的演变规律。

3. 现代汉语的七大方言

（1）官话方言

官话方言是现代汉语普通话的基础方言，以北京话为代表。官话方言的通行地域最广，使用人口约占汉族总人口的 73%。官话方言具有内部一致性，语法结构的差别较小，语汇的一致性很强，语音的分歧不大。官话方言在语音方面的主要特点是没有浊塞音与浊塞擦音声母，辅音韵尾很少，只有舌尖前鼻音韵尾和舌尖后鼻音韵尾这两个辅音韵尾；声调包括阴

---

①李荣. 汉语方言的分区［J］. 方言，1989（4）：241－259.

平、阳平、上声、去声。官话方言可细分为以下八类。

①东北官话。东北官话分布于黑龙江全省、吉林全省、辽宁省大部分地区和内蒙古自治区东部。具有代表性的地点包括哈尔滨、沈阳、长春等。

②北京官话。北京官话包括北京市 9 个市县、与北京市毗连的部分地区。具有代表性的地点包括北京、承德等。

③冀鲁官话。冀鲁官话也称"齐赵官话"，主要分布于河北、山东两省。具有代表性的地点包括石家庄、济南、天津、保定等。

④登辽官话。登辽官话主要分布于胶东半岛与辽东半岛。具有代表性的地点包括青岛、烟台、大连等。

⑤中原官话。中原官话以河南省、陕西省"关中"地区、山东省西南部为中心，分布于江苏省、安徽省、山东省、河北省、河南省、山西省、陕西省、甘肃省、青海省、宁夏回族自治区、新疆天山以南地区等 390 个市县。具有代表性的地点包括西安、洛阳、郑州、曲阜、徐州等。

⑥兰银官话。兰银官话分布于甘肃省、宁夏回族自治区的 34 个市县和新疆维吾尔自治区的北部地区。具有代表性的地点包括兰州、银川、乌鲁木齐等。

⑦西南官话。西南官话分布于四川省、云南省、贵州省的汉语地区，还有湖北省、湖南省、广西壮族自治区、陕西省、甘肃省等省区的一些市县，共计 517 个市县区镇。具有代表性的地点包括成都、重庆、昆明、贵阳、武汉、柳州、桂林等。

⑧江淮官话。江淮官话分布于湖北省、安徽省、江苏省、浙江省、江西省的部分地区。具有代表性的地点包括淮阴、南京、合肥、安庆、黄冈、九江等。

（2）吴方言

吴方言主要通行在江苏省南部地区、浙江省、上海市、江西省东北部、福建省西北部和安徽省南部地区，其代表是上海话和苏州话，使用人口约 1 亿。吴方言有一整套浊塞音和浊塞擦音声母，没有舌尖后音声母，韵尾较少，有 7—8 个声调。

（3）赣方言

赣方言主要通行在江西省和湖北省的东南角，以南昌话为代表，使用人口在 5500 万以上。基于江西省和湖北省东南角所处的地理位置，赣方言受其他方言的影响很大，四面的界线非常不明显，因此，有学者主张将赣方言合并到周边不同的方言区。赣方言在语音方面最突出的特点是将浊塞音和浊塞擦音声母全部变成了由同一部位发音的送气清音。

（4）湘方言

湘方言主要分布在湖南省湘江、资江流域和沅江中游的辰溪、泸溪、淑浦 3 县，以长沙话为代表，使用人口在 4600 万以上。湘方言有比较完整的浊塞音、浊塞擦音和浊擦音声母，不区分声母 h、f 与声母 n、l，入声调没有塞音韵尾。

（5）闽方言

闽方言以福州话为代表，主要通行于福建省、海南省、广东省潮汕地区和雷州半岛，以及中国台湾地区，使用人口约 8000 万。闽方言是汉语方言中内部分歧最大的一个方言，有的学者把闽方言分为闽南方言、闽北方言，有的学者还划分出闽东方言。现在一般把闽方言划分为 5 个方言片：闽南方言，以厦门话为代表；闽北方言，以建瓯话为代表；闽东方言，以福州话为代表；闽中方言，以永安话为代表；莆仙方言，以莆田话为代表。其中，闽南方言的影响最大。闽方言的语音保留了汉语古音的一些特点，如没有唇齿擦音 f，将普通话中的 f 声母发音为 b 或 p 声母。

（6）粤方言

粤方言主要通行于珠江三角洲地区、广西壮族自治区东南部地区，以及香港特别行政区和澳门特别行政区。粤方言以广州话为代表，使用人口约 4000 万，有很多海外华侨和华商也在使用粤方言。使用粤方言的是我国改革开放 40 年来取得成就最大的地区，每年有数百万人前往使用粤方言的地区淘金，因此，粤方言的影响越来越大。这种现象反映出语言扩张同经济发展的密切关系。粤方言的语音系统比较复杂，韵母多达53个，辅音韵尾非常丰富，除鼻音韵尾 m、n、ng 外，还有与之对应的入声塞音韵尾 b、d、o，一般有8—9个声调，是汉语诸方言中调类最多的方言。

（7）客家方言

客家方言以广东梅县话为代表，使用人口约4000万。客家方言主要通行于广东省东部和北部地区、广西壮族自治区、江西省南部地区、福建省西部地区、湖南省、四川省，以及中国台湾地区的部分区域，还有很多海外华侨也在使用客家方言。客家方言的主要语音特点是将大部分浊塞音和浊塞擦音声母变成了由同一部位发音的送气清音声母，这一点与赣方言一致；将舌尖后音声母读作舌尖前音；g、k、h 和 z、c、s 可以同齐齿呼的韵母相拼；没有口呼韵母；有6个声调。

如果把现代汉语七大方言的通行地域和使用人口用一个圆来表示，那么官话方言约占这个圆总面积的2/3，其余几种方言约占1/3。

4. 现代汉语不同方言之间的差别

汉语各方言在语音方面的差别最大，在词汇、语法方面的差别较小。不同方言语音的差别在声母繁简、辅音韵尾的多寡以及调类的区分上表现得非常明显。例如，湘方言中娄邵片（娄底、邵阳一带）的塞音声母有浊塞音 b、d、g，不送气清塞音 p、t、k 和送气清塞音 p、t、k 三套，而官话方言只有后两套。广州话的辅音韵尾有 m、n、d、p、t、k，而北京话的辅音韵尾只有 n、ŋ 两个。广州话有阴平、阳平、阴上、阳上、阴去、阳去、上阴入、下阴入、阳入九个调类，长沙话有阴平、阳平、上声、阴去、阳去、入声六个调类，而烟台话只有平声、上声、去声三个调类。

在词汇方面，日常生活中的很多词汇因方言而异，如"月亮""月婆""太阴""月光""月亮帝儿"以及"向日葵""朝阳葵""望日莲""葵花""转日莲""朝日蒲"等。

不同方言在词法上的差异比较明显。例如，人称代词和指示代词的形式、形容词的后缀、动词和形容词的重叠式、象声词的构造以及名词后缀"子"和"儿"的表示方式等，在不同方言里有相当大的差别。不同方言在句法上也有较大差异，以语序为例，长沙方言将"他一餐能吃完两斤米"说成"他一餐吃得两斤米完"，将"牛背上都能放稳鸡蛋"说成"牛背上都放得鸡蛋稳"。

(三) 现代汉语的特点

一种事物的特点要在与其他事物比较时才能体现出来，语言也是如此。下面分别从语音、词汇和语法三个方面说明现代汉语的特点。

1. 现代汉语在语音方面的主要特点

(1) 音节结构简单

汉语的音节结构形式比较少，而且规律性极强，便于掌握。元音是一般音节中不可缺少的成分，一个音节内最多可以连续出现三个元音，其中一个元音是主要元音。除某些方言外，一般没有用于区分语义长短的元音。辅音一般处在元音之前，只有极少数辅音处在元音之后。现代汉语没有复辅音，即没有如英语中的 flight（飞行）这种几个辅音连在一起的情况。

(2) 音节界限分明

汉语的音节一般由声母、韵母和声调三部分组成，即声母在前，韵母紧随其后，再加上一个贯穿整个音节的声调，使汉语有了鲜明的音节界限。从音素的角度来分析，辅音和元音有规律地出现，给人周而复始的感觉，易于切分音节。在发辅音时，肌肉紧，气流强；在发半元音时，肌肉、气流的力量仅次于辅音；在发主要元音时，肌肉较松，气流渐弱；在发松元音或弱辅音时，肌肉更松，气流更弱。

(3) 富有音乐性

音乐性是由汉语音节的独特之处连带产生的一个突出特点。

汉语语音系统中的元音占优势，也就是说乐音的成分比例大，噪声的成分比例小，再加上每个音节都有由不同形式的声调产生的丰富高音变化，听起来和谐悦耳，形成了富有音乐性的独特风格，因此，常有外国友人赞美汉语像音乐一样动听。

2. 现代汉语在词汇方面的主要特点

（1）现代汉语的词汇结构呈现明显的双音节化趋势

有部分古代的单音节词被现代的双音节词取代，如"目"被"眼睛"取代。有大量的古代单音节词被扩充为双音节词，如"发"→"头发"、"唇"→"嘴唇"、"雀"→"麻雀"、"鹊"→"喜鹊"、"鲤"→"鲤鱼"、"韭"→"韭菜"，等等。还有将两个意义相近或有关的单音节词结合的情况，如"皮肤""牙齿""墙壁""窗户""云彩""月亮"，等等。

还有一种情况是将多音节词压缩为双音节词。例如，将三音节压缩为双音节："落花生"→"花生"、"机关枪"→"机枪"、"山茶花"→"茶花"、"川贝母"→"川贝"，等等；将四个以上音节压缩为双音节，多见于某些词组的简称："初级中学"→"初中"、"化学肥料"→"化肥"、"华侨事务"→"侨务"、"对外贸易"→"外贸"、"彩色电视机"→"彩电"、"科学技术委员会"→"科委"、"高等学校入学考试"→"高考"，等等。

（2）广泛运用词根，以灵活多样的形式构成新词

现代汉语的词根十分丰富，广泛运用词根，以灵活多样的形式构成新词是现代汉语的突出特点。最常见的情况是依照不同的结构关系，将两个词根复合构成新词，如"火车""汽车""飞机""人民""语言""希望""理事""挂号""打气""民主""眼红""气粗"，等等。其次是词根带附加成分构成新词，如"木头""石头""桌子""椅子""读者""作者""知识化""年轻化""第一"，等等。有的词根十分活跃，可以构成大量新词。例如，"电"可以构成"电影""电车""电灯""电话""电机""电线""电视""电炉""电扇""电脑"，等等。正由于汉语具有灵活多样的构词方式，才能在历史发展中不断地创造新词，以满足社会在不同时期对于语言的需求。

3. 现代汉语在语法方面的主要特点

（1）现代汉语以语序和虚词作为表达语法意义的主要手段，缺乏形态变化

印欧语系的语法有复杂的形态变化。例如，俄语的名词和形容词有"性""数""格"的形态变化，动词有"时""数""位""性""体""式"等形态变化，俄语主要通过这些形态变化来表示语法关系，因此，词在句中的位置比较自由。而现代汉语由于缺乏上述形态变化，一般通过固定的语序来表示各种语法关系，并且借助虚词来使句子完整。

（2）现代汉语的词类和句子成分不具有对应关系

在印欧语系中，词类和句子成分之间有一种简单的对应关系——动词与谓语对应，名词与主语、宾语对应，形容词与定语对应，副词与状语对应。动词和形容词只有通过构词手段或句法手段转化成名词性成分之后，才能出现在主语、宾语位置。现代汉语则不然，现代汉语中的动词和形容词无论是做谓语还是做主语、宾语，都是一样的。现代汉语的名词，除了可以充当主语、宾语之外，还可以做定语、状语，在一定条件之下，也可以做谓语。需要注意的是，每类词的主要句法功能是不变的，次要功能都有句法条件。

（3）现代汉语中词、短语和句子的结构方式基本一致

印欧语系的主句和分句中必须有定式动词，而词组（短语）中的动词必须是非限定形式。因此，印欧语系中的主句和分句遵循一套构造原则，短语遵循另一套构造原则。现代汉语的动词没有限定和非限定式的对立，动词不管用在何处，形式都一样。因此，现代汉语的句子构造原则与短语的构造原则是一致的，句子只是独立的短语。正由于现代汉语的这一特点，有些现代汉语语法著作采用了一种以短语为基点的语法体系，即在短语的基础上描写句法，而不是像印欧语系那样以句子为描写的基点。

（4）现代汉语的量词和语气词十分丰富

在现代汉语中，当在名词前加上数词时，中间往往夹有与名词相配的

量词，如"一个故事""一本书""一张桌子""一支蜡烛""一根火柴"，等等。这是印欧语系所不具备的特点。汉语的量词十分丰富，外国人在学习汉语时，会觉得汉语的量词十分复杂。出现在句末或句中的多样语气词也是现代汉语区别于印欧语系的地方。

二、现代汉语规范化

（一）什么是现代汉语规范化

语言作为人们交流思想的工具，必须有一个人们共同遵守的标准，这样才能使人们互相了解。一种语言的语音、语汇和语法体现出来的法则，就是语言的规范。学习任何一种语言都要遵循该语言的法则。

按照语言规范的不同表现，可以概括出自发规范和自觉规范两种类型。自发规范是社会在语言应用中自然的调节行为，是比较消极的规范形式。这样的规范带有较多的自发性，人们在习得母语的过程中所发生的规范行为就是这种自发规范的典型。自觉规范是人们有意识地对语言应用采取某些措施，进行必要的干预，以维护语言的纯洁，使语言健康发展，便于社会应用的调节行为，是一种积极的规范形式。自觉规范是政府部门、机关、学校或语言决策机构、研究机构所推动和从事的，有一定规模的规范活动。

需要了解和研究自发规范，更需要研究、提倡和加强自觉规范。自觉规范实际上就是对语言进行规范化的工作。

现代汉语的规范化就是要使现代汉语的运用合乎标准。前辈们很早就明确地指出："为了语言使用者的利益，对语言的规范进行整理，肯定已明确的，明确不明确的，减少分歧，增加一致，并通过教育和宣传扩大语言规范的影响。"这就是语言规范化工作的目标。

（二）树立科学的语言规范观

20 世纪 90 年代以来，我国的社会语言生活发生了重大而深刻的变化。

本书主要介绍以下两种情况。

1. 全国语言生活的主体性与多样化正在变化与发展

全国语言生活的主体性与多样化正在变化与发展的表现是国家通用语言文字的影响越来越大，社会的双语言现象越来越普遍。针对这些变化，我们应该从观念、舆论、法律、政策、办法、措施等方面，妥善处理并进一步协调好语言关系，从而保证普通话进一步发挥主导作用，各民族语言、各地方言发挥各自的功能，使我国社会语言生活继续保持主体性和多样化的特点，并朝着丰富、协调、健康的方向发展。①

2. 社会语言生活十分丰富活跃，但语言使用复杂混乱

要分别对待民族语言或方言的变异现象，语音、语法的使用错误，特殊群体的语言特点及语言问题，不规范的网络语言等问题。有的需要认真观察、监测、调查研究，提出有材料、有数据、有分析、有研究、有说服力的报告，供各方面参考；有的需要认真监测与研究，并采用行政、学术、教学、舆论、示范等各种办法加以引导与规范。

要树立科学的语言规范观，处理好语言变化发展的绝对性与语言规范的相对性这两者之间的关系，还要充分考虑当今社会语言生活的多元化。

对待语言规范问题，要多一些包容，更要多一些慎重。

---

①薛义河. 用科学发展观引领当前语言文字规范化工作 [J]. 学理论，2009（17）：197—198.

第二章　汉语言文学探究

第一节　汉语言文学概述

一、学习汉语言文学的重要性及其特征

汉语言作为语言文学的一个重要内容，是中华文化的重要组成部分之一，其广博的内容、博大的精神都非常值得学习和借鉴。大学生是高素质人群，是为社会创造价值的人群，他们的人生观、价值观和人文素养决定了我国人才未来发展的方向。

（一）学习汉语言文学的重要性

1. 有利于提高人文素养

汉语言的内容有《论语》《老子》《孟子》以及唐诗宋词等优秀的文学著作，其中不乏古人的人生经验和哲学智慧。学习这些古典文化有利于提高学习者自身的文学素养，从古典文化中体会到真正的人生智慧，古为今用，用先贤的智慧来解决人生中的困惑。汉语言文学学习具有培养学习者文学修养、写作能力、语言表达能力、文学鉴赏能力的作用。汉语言文学教育的目的在于使学习者具备坚实的汉语言文学知识基础，并具有语言文字分析、解读能力。大学生要将优秀的汉语言文学知识转化为自身气质，正所谓"腹有诗书气自华"，一个人的素质、文化底蕴是否深厚，不在于其是否满口的之乎者也，而在于他的一举一动、一言一行都要有中华优秀

文化的影子。

2. 有利于提高道德品质

文学作品，其语言文化本身就具备许多优越的文化元素，是中华民族优秀文化的集中体现，如此优秀的文化能够起到文化熏陶、文学感染、道德规范的作用。汉语言文学中的英雄人物都具有优秀的品质，《史记》作为司马迁的传世之作，其中记录了许多的人物传记，鲁迅先生评价其为"史家之绝唱，无韵之离骚"。读《史记》，能对人的道德品质进行洗礼，其中无论是崇高的理想，还是普世的价值观，都引领着汉语言文学的发展。正是从小处于汉语言文学的熏陶之下，我们才形成了正确的价值观和人生观。法律是约束人们行为的最低标准，而道德使我们建立起一个更好的社会。

3. 有利于规范人们的行为

儒家思想告诉我们要"以和为贵"，要懂得"礼义廉耻"，要明白"君君臣臣，父父子子"须上下有序，这些来自春秋战国时期的思想影响了一代又一代的中华儿女。正是普及了汉语言文学，才使社会发展井然有序，才有了规范人们行为的准则。这正是汉语言文学的作用，让中国社会千百年来遵循着"百善孝为先"的价值观和社会观。正所谓，法律可以规范人们的行为，而道德规范着人们的思想，汉语言文学就具备规范人们思想的强大力量。无论是汉语言文学的内容还是汉语言文学的潜在规范，学习它们都有利于规范人们的行为，修正人们的思想，保证社会健康有序地向前发展。

（二）汉语言文学的特征

文化是国家、民族、社会有序可持续发展的根本动力，脱离文化规范的任何发展形势都是危险的。汉语言文学作为中华传统文化的重要载体，承担着重要的历史使命。纵观汉语言文学的发展历程，其主要特征为以下三点：

1. 丰富的体裁

汉语言文学历经千年的发展，涌现出丰富多样的体裁。古代的汉语言文学主要包含诗歌、楚辞、乐府、词、赋、散文。近代出现了更多的文学体裁，与古代文学体裁相比，更加多样化、内涵化，更贴近社会，主要包括新型诗歌、小说、戏剧、散文诗、电影文学。

中国出现最早的诗歌集为《诗经》，内容丰富，反映了周朝初期至周朝晚期之间的社会生活风貌。《诗经》的句式主要为四言，修辞方法主要为重叠反复，反映了周朝诗歌的特色。在《诗经》之后兴起的诗体为楚辞和乐府。楚辞是在楚地民歌的基础上发展而起的，反映了楚地的风土人情，其典型代表人物为屈原。乐府作为叙事诗歌，具有强烈的现实感，通过描述社会现实，展现了当时的社会生活。随着朝代的更迭，诗歌的体裁也在不断丰富。唐朝的诗、宋朝的词、元朝的曲都丰富着汉语言文学的体裁。

2. 显著的阶段性

中国历史悠久，朝代更迭纷繁复杂。随着朝代的变换，汉语言文学也经历了兴衰，不同的朝代发展出不同的文学内容，突出反映了当时的社会风貌和文风。古代诗歌的发展具有两个最兴盛的阶段，分别是周朝和唐朝。《诗经》主要成书于西周初年至春秋中叶，共收录了311篇诗歌，反映了爱情、战争、生活习俗等内容。唐诗的表现形式比《诗经》更加多样化，主要为五言和七言。唐诗作为中华民族的宝贵遗产，对世人研究唐代的经济、生活具有重要的参考价值。唐诗在发展中也涌现出多种派别，主要为山水田园诗派、边塞诗派、浪漫诗派、现实诗派。每种诗派侧重描写不同的内容，表达了作者的思想感情。随着唐朝的衰败，汉语言文学的体裁逐渐变化。到宋朝时，宋词开始兴起，代表了宋代文学的最高成就。宋词是汉语言文学中璀璨的明珠，其代表人物有苏轼、辛弃疾、柳永、李清照等。宋词之后，汉语言文学中相继出现了元朝的戏曲以及明清时代的小说。无论是唐诗、宋词、元曲，还是明清小说，它们均与朝代的更迭有莫大的关联，也反映了汉语言文学发展的阶段性。随着朝代的起起落落，汉语言文学的体裁也在逐渐改变。

3. 独特的文学流派

文学作品寄托了作者丰富的思想感情，反映了作者内心的思绪。在唐诗兴盛的年代，王维、孟浩然的诗作主要描写绿水青山隐士，风格恬静淡雅，向往田园诗意的生活，被称为"山水田园诗派"；高适、岑参、王昌龄等主要描写边塞生活、风景、战争，被称为"边塞诗派"。在宋朝，柳永、李清照等描写的词主要侧重儿女情长，表现诗人的柔婉之美，被称为"婉约派"；苏轼、辛弃疾的作品用词宏博，气势恢宏，被称为"豪放派"。在古代文学的发展中，文学流派引领了时代的潮流，进一步推动了汉语言文学的发展。特别是到了近代，随着社会发展的需求，中国近代文学社团在社会的变革中起到重要的作用，其中最具有代表性的文学社团为"南社"。"南社"以其激进的革命立场和囿于传统的文学观念，从社团流派发展演化乃至文学现代性转化过程中被发掘出重要意义。每个时代的文学流派，均对当时的汉语言文学发展起到了极大的推动作用，为汉语言文学的繁荣做出了巨大贡献。

二、汉语言文学的发展

随着时代的发展以及科技的进步，社会高度发达，全球化、信息化时代已经到来。全球化背景下，中西方文化的相互交流与碰撞，对我国汉语言文学的发展产生了很多不利影响；经济发展的全球化使得英语的重要地位日益突出，这对我国汉语言文学的教育也产生了一定影响。另外，信息化时代的到来，使得网络与人民的生活息息相关，诸多的网络语言纷纷出现在人们的日常生活当中，众多不合规范、不合逻辑的网络语言也对汉语言文学的发展构成一定的威胁。在全球化、信息化时代背景下，把握时代特征、应对汉语言文学发展困境已经成为有关工作人员的重要任务。

（一）汉语言文学发展面临的困惑与难题

新时代是历史不断进步的产物，但新时代在推动历史进步特别是文化进步的同时，也会对文化带来一定的冲击。汉语言文学在信息化、全球化时代背景下便面临着诸多的困境，具体如下：

1. 我国教育体系忽略汉语言文学的发展

在经济全球化时代背景下，中西方文化的交流与碰撞是必然的结果，而语言以及文学作为文化交流的重要载体，必然是首要对象。

从小学、初中等基础教育到高中的中级教育，再到大学的高等教育，我国都十分注重英语教学。初、高中学生有升学的压力，部分大学学生有英语四六级考试、考研英语等的压力，大家都将过多的精力放在了英语教学上，这就导致了汉语言文学教育的缺失。

2. 网络语言对汉语言文学产生一定冲击

信息化时代的到来，使得互联网走入了寻常百姓家，网络在给人们的生活带来方便的同时，也对汉语言文学的发展产生了一定的冲击。随着网络的普及，人们的日常交流越来越多地依赖网络，致使各种各样的网络语言产生。网络语言充满了随意性、肤浅性、不合逻辑性等，特别是部分网络语言对汉语词语等进行曲解，掩盖了词语原本的意思，这严重影响了我国汉语言文学的进步与发展。

3. 汉语言文学的处境略显尴尬

在新的时代背景下，在利益与实用性的驱动下，汉语言文学受到的重视越来越少，人们更加关注能获利更多的计算机、医学、金融等领域，其实这本无可厚非，也正是现代科技的进步推动了社会的发展，但是也不应该忽略汉语言文学，要知道，正是汉语言文学承载了中华文明的厚重历史。

（二）汉语言文学发展的道路与途径

诚然，信息化、全球化的时代趋势为我国汉语言文学发展带来了众多的挑战，但其中也存在着诸多的机遇，新时代总是机遇与挑战并存，如何把握机遇、应对挑战是汉语言文学教育者所要思考的问题。汉语言文学的发展可以从以下三点着手：

1. 完善汉语言文学教育体系，强化汉语言基础教育

汉语言文学的发展关键在于教育，所以首先要完善汉语言文学教育体系，强化汉语言基础教育。一方面，要不断增加汉语言文学在小学、初中九年义务教育中的比重，特别是小学教育。小学教育是汉语言文学教育的基础，也是强化汉语言教育的重要阶段，要在基础教育中融入更多的汉语言文学内容；另一方面，在高等教育中也要强化汉语言文学教学，无论是什么专业，都应该增设汉语言文学课程，以此强化学生的汉语言文学素养。

2. 规范汉语言文学教学，适当引导网络语言发展

面对网络语言对于汉语言文学发展的冲击，一定要规范汉语言文学教学，适当地引导网络语言的发展。在网络时代背景下，一定要牢牢把握好网络教育的重要阵地，做好汉语言文学发展的引导。可以借助网络新媒体，如微博、微信等交流平台，强化汉语言文学的规范性，对于不当的网络语言要做到合理引导，积极宣传我国汉语言文学之魅力。另外，也可以借助汉语言文学网站、贴吧等来普及汉语言文学的规范标准。

3. 注重经典，强化我国古代汉语言文学教育

古代汉语言文学作为我国文学的经典，其中所蕴含的人生哲理等内容，即便是在信息化、全球化发展的今天，也具有重要的启示意义。古典文学是我国文化的根基，是灿烂中华文明发展的源泉，没有古代汉语言文学，文化传承就会出现断层。所以，一定要重拾国学经典，强化我国古代汉语言文学的宣传与教育，使古代汉语言文学之美在新的时代大放异彩，使古典文学蕴藏的深深哲理为现代生活指引方向。

三、网络环境下汉语言文学的传播

网络发展速度很快，并全面影响着现代人的生活。网络作为强有力的

工具，应如何在汉语言文学的学习中起到关键作用？教师应如何充分利用网络来提升学生的学习兴趣、学习效率？

在网络的推动下，汉语言文学应紧跟时代发展的脚步，改善教学方式，培育出综合性的人才，并在教学实践过程中汲取经验，取长补短。正视网络时代给汉语言文学教学带来的问题，集思广益，为汉语言文学的发展与传播添砖加瓦，向全世界弘扬中国文化知识，让未来的汉语言文学教育更上一层楼。

（一）利用音乐、图像激发学生兴趣

教师可以从网上找到汉语言文学相关的图片或影音资源，将其引入课堂，这比枯燥的纯文字内容更有趣，可以激发学生的兴趣，寓教于乐。

（二）举办相关活动

可以通过网络举办各类活动，比如撰写"我喜爱的一本书"的微信公众号推文，以网络为交流媒介，比比看谁获得的点赞最多。或让学生在网络上发表原创作品，收获网友的点评，从中认识到自己的优势与不足，在交流中取长补短。

（三）教材电子化

传统书本教材已较难满足时下的教育环境，使教材电子化无疑便利了许多。网络教材具有容量大、数字化、互动性强等优势，可让学习层次不同的学生做不同难度的练习。

（四）创新汉语言文学课程

需要通过创新手段来处理目前汉语言文学在传播过程中需要面对的问题，从而让汉语言文学得到有效传播：

1. 网络平台

网络的快速发展带给我们的不仅是生活上的便利，也为汉语言文学传播带来了新方向。网络上有许多平台适合汉语言文学交流，不仅有输出平

台，还有获取平台，丰富多样的学习资料于创新而言很有参考价值和应用效果。

2. 网络课堂

网络课堂给汉语言文学的传播同样提供了便利，可以将课程内容公开上传至网易公开课、腾讯课堂等平台，方便大家学习；也可以创新网络课堂内容，增添趣味互动，充分利用网络特性，使汉语言文学课堂更加生动有趣。

四、汉语言文学的应用

汉语言文学是我国高等院校中一门重要的课程，为了确保高等教育教学能够与当前社会的用人需求相适应，需要促进汉语言文学教学改革，使其教学内容更具应用性；需要加大对实用型人才的培养力度，为社会培养出更多高质量的综合素质人才，为学生更快地适应市场的发展变化奠定良好的基础。

（一）汉语言文学应用性教学现状

汉语言文学应用性教学强调要提高学生的学习应用能力，要求学生具备较强的职业能力和知识运用能力，更加注重知识的传输，需要确保知识传输的完整性和系统性。但是，目前各大高校在进行汉语言文学教学时，主要运用传统的学科理论进行教学，教学内容比较全面，使学生认为所学的知识都是教学重点。制定出来的人才培养方案主要是按照文化基础课、专业基础课和专业课的顺序进行安排，学生在学习过程中，先是学习枯燥性较强的理论，然后参与具体的实践教学。该种教学模式与现代职业活动的开展要求不符，无法激发学生的学习兴趣，导致学生的实践能力不强，与职业活动的开展过程相脱离，不符合现阶段汉语言文学应用性教学的发展要求。近年来，随着教育体制改革的实施，人们对高等教育行业的重视程度不断加强，高校采取扩招政策，生源不断增加，学生面临着严峻的就业形势。传统的汉语言文学应用性教学模式与现阶段的社会人才聘用标准不相适应。因此，改变传统的汉语言文学应用性教学模式，确保新的教学理念能够与目前的教学环境相适应，成为当前迫切需要解决的问题。

（二）汉语言文学应用性教学方式探索

1. 强化汉语言文学教学内容

汉语言文学作为高等教育专业之一，其教学涉及面较广，主要包括现代汉语、古代汉语、中国古代文学、中国当代文学等课程，并且各个课程之间相互重叠交叉，导致知识结构框架系统性不强，学生不易理清学习思路，教学效果较差。需要对汉语言文学学习内容进行改革，重新梳理教学知识框架，优化和精简课程教学内容，考虑该专业的未来发展情况，设计出符合学生全面发展的课程内容教学体系。

2. 创新汉语言文学教学方式

教师需要改进传统的教学模式，完善汉语言文学知识体系，提升汉语言文学教学的实效性，并结合学生的知识掌握情况，合理设置教学目标。教育行业应该加大对多媒体教学方法的利用力度，将多媒体技术作为汉语言教学的辅助教学工具，以图片、视频资料、PPT 等形式，将汉语言文学教学内容与多媒体教学有机地结合起来，增强学生的学习兴趣，使学生积极主动地投入汉语言文学教学中来。

3. 活跃汉语言文学教学课堂

高校肩负着培养社会人才的重任，培养出综合型的人才是高校的教学目标。高校教师需要结合汉语言文学课程特点，合理设置课程教学内容，改变传统的教学方式，赋予课程教学新的思路和创新的理念，展现出时代的特色，与当前的时代发展需求相结合。一味地进行理论内容讲解，不符合当前教育教学的发展要求，需要加大对优秀教师的培养力度，帮助他们转变教学观念。在课堂教学中，教师需要积极引导学生表述观点，搜集和整理具有讨论意义的课程资料，将学生分为几个小组，要求学生针对某一问题进行讨论。待学生发表完自己的观点后，教师针对学生的观点进行总结，对学生进行鼓励，有助于学生的成长和成才。

4. 提升学生汉语言文学综合实践能力

教师可以通过模拟情境教学等形式，将理论教学与实践教学有机地结合起来，满足当前社会对人才的发展需求。可以定期组织演讲比赛、辩论赛、商务交流等活动，提高学生的口语表达能力和临场应变能力。另外，还可以组织模拟招聘会，给学生提供笔试和面试的机会，让学生尽早明确自己的职业规划，为就业做好充足的准备。将理论教学与实践教学有机地结合起来，使教学方式更加多样化，给汉语言文学应用性教学提供更多的实践机会。

5. 通过师生互动活跃课堂

构建合理的教学课堂，有助于培养出符合社会发展要求的人才。汉语言文学应用性教学的发展需要建立在传统教学理念的基础上，不断地促进教学理念和教学思路的创新，并赋予新时代的含义。在传统课堂教学中，教师处于主导性地位，教师从上课一直讲解到下课的教学形式已经不能适应当今教育事业对人才的培养需求，教师应该与学生积极互动，给学生提供阐述自己想法的机会。教师可以通过建立微信和 QQ 群的形式，与学生及时进行问题的探讨和交流，随时掌握学生的学习动态，强化学生汉语言文学的应用能力，促进学生成长成才。

要想展现出汉语言文学的应用性，需要将理论知识与实践知识有机地结合起来，结合学生的实际学习情况，建立完善的汉语言文学知识理论体系，提高学生的汉语言文学知识应用能力，解决学生在汉语言文学学习中存在的问题，创新汉语言文学教学方法，使汉语言文学教学更具实践性。

五、汉语言文学与中华文化的弘扬

传统文化博大精深，让学生了解优秀传统文化，能使其形成良好的素养。传统文化与教育密不可分，在人类历史中，文化、文明通过教育延续，又借助人们的不断创新而变化发展，由量变的积累和积淀达到质的飞跃。正因如此，应当重视教育中对传统文化的学习和弘扬，重视汉语言文学专业对于中华传统文化传承的作用。

（一）汉语言文学与中华传统文化的关系

1. 汉语言文学是中华传统文化的组成部分

中华传统文化是文明演化而汇集成的一种反映中华民族特质和风貌的民族文化，是中华民族历史上各种思想文化、观念形态的总体表征。中华传统文化包括文学、语言、曲艺等各种表现形式，传统文学主要包括诗词歌赋，而汉语言文学包含汉语与文学两部分，汉语属中华传统文化中的语言，而文学则属中华传统文化中的传统文学。因此，汉语言文学在内容上是中华传统文化的一个组成部分。

2. 汉语言文学同中华传统文化是传承关系

如果没有中华传统文化，汉语言文学专业就是无本之木、无源之水。汉语言文学专业来自对古代汉语及古代文学作品的总结，而古代汉语和古代文学作品是中华传统文化的重要组成部分，汉语言文学的很多理论都脱胎于此。因此，汉语言文学专业传承于中华传统文化，而且是对其的一种继承和发扬。

（二）汉语言文学专业对中华文化传承的具体意义

1. 汉语言文学专业对中华传统文化进行分析与研究

汉语言文学作为一门古老的学科，肩负着弘扬与继承中华传统文化的使命，其涉及的领域范围广、时间长，包含多种思想意识，如儒家的"仁义礼智信"、道家的"无为而治"、墨家的"兼爱非攻"等；包含多种艺术形态，如音乐、舞蹈等；包含多个历史朝代，跨越从先秦到两汉、魏晋、隋唐，经宋元再到明清乃至中华人民共和国成立后的整个历史长河。汉语言文学专业对于传统文化中各个艺术形态的历史与现实、名家经典等进行了详尽的学习研究，为传承中华文化提供了学术支撑。

2. 汉语言文学专业为中华传统文化传承提供新型人才

高等教育大众化时代的到来，对汉语言文学专业人才培养目标提出了新的要求。正确认识和客观分析本专业的历史与现状，积极探索有效途径，制定新的人才培养方案，构建合理的专业课程体系，从而为传统的汉语言文学专业注入新的活力，以培养出能够满足时代需求的创新型、应用型人才，这是当前汉语言文学专业改革的重要内容。汉语言文学专业培养新型应用型人才，有利于在中华传统文化的传承上创造出更具时代特色、更符合大众需求的形式。

（三）汉语言文学专业传承中华传统文化的具体方式

1. 创新传统文化的表现形式

随着社会向新媒体时代发展，汉语言文学也在这种发展中产生了变化。要保证汉语言文学教育的有效性，就要将其与新媒体结合，通过对目前环境的分析，提出发展策略。在网络飞速发展的时代，传统文化的传承不应局限于书本，而应当扩展到更易获取的信息媒体渠道，如《中国诗词大会》将诗词搬上荧屏，节目现场氛围轻松有趣，内容丰富，吸引大众。这种宣传形式生动鲜活，以寓教于乐的形式，使观众更多地了解诗词，也引起了观众对传统文化的重新思考和深入研究。应当结合汉语言文学的专业知识，借助新型传播媒介，创新其表现形式，以使其受众扩展到更需要宣传教育的年轻一代人身上。

2. 取其精华，去其糟粕

对于中华传统文化不能一味地继承，而要有选择地传承传统文化中的精华部分。党的十七大报告指出："要全面认识祖国传统文化，取其精华，去其糟粕，使之与当代社会相适应，与现代文明相协调，保持民族性，体现时代性。"继承发展传统文化，绝对不能全部照搬。保持民族性，体现时代性，是全面认识祖国传统文化，取其精华，去其糟粕的标准。汉语言专业学生要运用专业知识，汲取传统文化中的精华部分，摒弃其中落后的部分，如"三从四德""摆摊算命"等。

3. 将传统文化推向国际舞台

目前国内的很多地区已经形成了具有当地传统文化特色的产业链，然而很多文化产业的结构不够完整，只能局限于在某个地区或者国内发展，向外延展能力不强，这样不利于文化产业的创新和可持续发展。因此，一种"走出去"的新型中国文化发展模式将会给中国传统文化产业注入新的生命力。

中华传统文化的传承需要多方努力。汉语言文学专业以传统文化作为主要学习方向，以本专业对传统文化的分析研究，为传统文化的传承提供推力。

六、语文教育与汉语言文学教育

汉语言文学的教学应该在语文教学中得以体现，从这个方面来说，汉语言文学教育和语文教育是相互包容的。然而，我国的现状是语文教育没有得到应有的重视，语文显然已成为应试的工具，其教学没能得到深入的开展。当然，语文教育目前存在的问题还和以下因素有关：第一，师资力量的差距。由于地域的不同，我国的师资力量差距较大；第二，各地区对语文教学的要求不一样。经济发展为教育发展提供了很好的物质条件，一方面可以将现代科技应用到语文教育中，另一方面要加强对语文的应用。要做到这些，则需要以不断更新的理念以及科学包容的态度来面对语文教学。另外，要重视语文教学和汉语言文学相辅相成、互相促进的作用。

（一）汉语言文学的教育特色

汉语言文学不仅能反映我国的历史和文化语言传统，而且可以展现一个民族的气质风貌。它是传播民族文化的载体，在民族文化中拥有不可替代的作用。语言文学是人类的财富，更是人类文明的体现，应得到传承与发扬。当下，为适应社会需求，已偏向于实用性教育，而汉语教育的实用性并不能直接体现，它对社会的效益是完善人文观念以及指明文化发展方向，并不能以实际的经济效益来反映。在教育理念不断更新和发展的潮流下，应该坚持传统和社会需求协调的方针，促进汉语教育的发展，使得汉语教育做到与时代同步。

（二）语文教育与汉语言文学教育的应用与发展

1. 找到能结合教学与实践的新教学模式

培养社会型人才是教育目标，而语文教育在其中的作用就是培养具有综合素质能力和实践能力的高素质人才。语文教育和汉语言文学教育虽然有着区别，但两者均属汉语教育，在总体上是一致的，如教学目的、教学理念和方法等，能对学生的人生观、价值观具有较为重要的影响。另外，汉语言文学教学和语文教学的实践有很好的契合点，应该抓住这些共同之处，寻找理论与实践相结合的综合性教学模式。应该在平时的语言教学中注重实践课程，并做到形式多样化；还应该充分结合语文教学和汉语言文化教学，使其能够相辅相成、共同发展，探索两者共同发展的新教学模式。

2. 借助科技教学培养学生的创新思维能力

将科学技术应用到教学中已成为一种必然趋势，而且，现今我国很多地方在这方面做得很好，比如远程教育。远程教育能使教学方式多样化，萌生各种新颖的教学模式，而这些新颖的教学模式将对汉语言文学和语文教育的协调融合起到至关重要的作用。如有很少接触过计算机教学的学生，教师应帮助其尽快适应并融入此种时代浪潮，这对学生的学习效率会有明显提升。科技教学手段将成为汉语言文学学习和语文学习融合的纽带，教师应合理利用这些辅助手段，更新自己的教学理念，使课程与时代相结合，和学生充分交流，培养其创新思维，使用网络学习更丰富的知识，而不是一味地借助教材学习。

3. 注重汉语言文学教学与语文教学中的人文关怀

汉语言文学教育和语文教育都是注重人文素养的教育，学生的生活与心灵是人文素养教育的重点。教师应通过汉语言文学教育和语文教育，延伸出对学生内心情感世界的关怀，培养其美好的品质和坚毅的人格。由此，师生关系会非常和谐，沟通将会更加顺畅，教师的教学质量能大幅提高，学生也能学到更多知识。

（三）语文教育与汉语言文学教育的对接性思考

1. 教学内容

在教学内容方面，语文教育和汉语言文学教育的对接首先要求教师全方位分析教材内容，明确教学重点，理清思路与内容。合理删改或并合相同内容，详略得当，将其相关联的部分设计出适当的对接教学大纲。

如此一来，可以使教学实践中的资源利用率得到全面提升，使二者的教学效率与质量得到可靠保障，并且能够帮助学生将语文教育与汉语言文学教育结合到一起，为学生更加深入、全面地学习汉语言文学知识提供有力支撑。

2. 教学方法

在教学方法方面，语文教育与汉语言文学教育的对接需要深入分析现阶段语文教育与汉语言文学教育的教学方法，然后与当代教育的标准和要求相结合，找出语文教育与汉语言文学教育中存在的问题，并围绕此进行探究。这一过程需要注重二者的关联，采取正确的对接方法。

基于此，可以使语文教育与汉语言文学教育教学方法的形式得以明确，通过具体处理知识内容，有效提升学生的知识转化能力与实际应用能力。当然，教师需要给予学生正确的引导与帮助，对教学方式进行深化与巩固，通过实例以及知识扩展，使学生的知识结构得到补充与完善。此外，语言教育与汉语言文学教育教学方法的对接还要求对先进的教学技术加以运用。只有如此，才能够为教学内容之间保持紧密联系提供可靠保障。

3. 教学理念

在教学理念方面，为了使语文教育与汉语言文学教育得到有效对接，首先需要使二者的理念得到统一并形成一致思路。在教育实践中，必须对当代教育现状及实际需求进行深入分析，找出其中存在的不足，从而选择正确的教学方法。基于科学的教育理念，确定教学方向与教育内容，这样才能够使语文教育与汉语言文学教育的教学理念对接得以真正实现。

　　通过这种方式确定教学理念，需要坚持以人为本的原则，在教育中将学生的主体地位充分凸显出来，为学生自主学习能力、环境适应能力的全面提升提供强有力的支持。在教学过程中，教师也应将自身的辅助作用充分发挥出来，在学生接受知识内容的过程中给予他们支持与引导，促使他们朝着正确的方向发展，提高学习效率。与此同时，教师还需要给予学生更多的机会与平台，使其进行独立思考，使语文教育与汉语言文学教育的教学理念发展趋于学生主体化，进而为二者的有效对接奠定扎实基础。

　　4. 教学目标

　　就教学目标而言，语文教育与汉语言文学教育的对接要求汉语言文学教育应致力于培养与提升学生的语文能力，应对学生语文素养的强化予以高度重视，这样才能够在保障教学目标实现的基础上，使汉语言文学教育与语文教育相互影响，相互促进，同步发展。

　　总而言之，基于语文教育与汉语言文学教育的有效对接，在教学质量得到提升的同时，还可以帮助学生巩固语文基础，提升语文综合素质，这对于语文领域的人才教育发展而言无疑起到了十分关键的作用。

第二节　汉语言文学与人的修养

一、汉语言文学专业的性质

　　列宁曾说："语言是人类最重要的交际工具。"语言是人们相识和熟悉时用到的一种工具、手段，可以利用它来交流思想，达到互相了解的目的。如果没有语言，生活就失去了媒介和桥梁，人和人之间就会缺乏信任和合作，其重要性可见一斑。这就要求我们在日常学习中掌握基本的语言技能和知识，以便在日常生活中更好地使用语言。一个孩子自出生后就会在方方面面接触汉语知识，初步学习说话。随着年龄增长，孩子在学校和生活中会进一步感受到语言的生动性、鲜明性和准确性，这也是学习汉语言文学时不变的原则，即用词准确、立意鲜明、句式生动。

具体而言，汉语言文学的性质如下：

第一，汉语言文学具备语言性。语言性即要求学习汉语言文学时概念明确、判断周密、推理合乎逻辑，并在学习的过程中能够进行准确的应用。就专业课程设置来说，汉语言文学专业关于单独的语言类课程还是比较全面的，如古代汉语、现代汉语、语言学概论等。

第二，汉语言文学具备文学性。汉语言文学在本质的语言特性之外，最为重要的延伸在文学性上。就专业课程设置来说，与汉语言文学性相关的专业课程占到总课程的一半以上，如现代文学和现代文学史等，所涉及的内容深浅不一，要求相关专业学生掌握的程度也大不相同。

第三，汉语言文学具备文学教育性。文学教育性与语言性、文学性在专业设置上相比，不仅其专业课的应用性强，而且具备很强的指导教育性。文学教育性的研究性、理论性以及深刻性是学习和研究的主要方面。

二、汉语言文学与修养之间的关系

一个人内在的素质就是修养的体现，汉语言文学中蕴含着我国古人的智慧和文化精髓，学习并深入了解它，能够提升自我修养，进而提升综合素养。

一个人的修养是通过日常行为表现出来的，不同的人会表现出不同的气质和修养。我们所希望和要求的是修养要向真善美的方向发展，这和我们汉语言文学的文学追求在本质上是一致的。汉语言文学与修养的关系具体表现在以下两个方面：第一，汉语言文学可以提高人的修养。文学可以教会我们辨识生活中的是非真假，可以帮助我们树立正确的世界观和价值观；第二，汉语言文学能够有效地对人的内在修养进行指导。一个人的修养是后天逐渐形成的，在此过程中，不可避免地要模仿"榜样"，而文学就是一种非常好的模仿对象。在文学作品中，总结出了社会运行规律和人类的各类情感体验，我们能看到人性的闪光点和对美的追求，由此开始审视自身、审视现实社会，看到自己的不足，增进修养。

三、汉语言文学能够满足人们的精神追求

（一）真

"真"，是文学内在品质的重要组成部分。它所代表的是一种精神上最淳朴、最真挚的感情。文字能够对作者的内心世界进行非常精准的描述，从而引发读者共鸣，实现作者写作精神的传递，也就使得作品拥有了灵魂。文学的"真"可以分两个层面来讲：一个层面是指客观存在的。这是以实际生活为基础，从一个非常客观的角度来进行表达和叙述。作品所描绘的内容只有来源于生活，才可以最终融入生活。另一个层面是指内在部分。大部分优秀作品的作者，其语言文字运用能力非常强，不但能够运用优美的词汇来描写环境，还能够完成对作品中人物内心的刻画。内心刻画所要求的就是真实表达，这样才能让人物活过来，让作品充满人性化。

（二）善

"善"，是对人品质的定位。人有好坏之分，作品也有优劣之分。经久不衰的作品，大多有一个特点，那就是文章里流露着对善的继承、赞美、渴望等。并且，善与恶是并存的，虽然善是在恶的衬托下才显现的，但善与恶之间也是可以互换的。汉语言文学里的精神，有时就是恶过渡为善，并且获得读者内心的认可，引导人们树立向善之心。

（三）美

"美"，是文学的根本。这里的美，有两方面的含义：一是指文字表述具有表面美，体现为有着成千上万的词语、修辞方式、语法组合等，文字所展现出的精确度、排序法等也是一种格调美；二是指文字的内在美，只有达到某种精神境界，才能让作品有高度。

第三节　汉语言文学的审美教育

一、审美教育简述

（一）审美教育的内涵

审美教育主要是指培养和提升审美能力的过程，而审美能力则是审美感受能力、审美鉴赏能力、审美想象能力以及审美创造能力等相关能力的总称。其中，审美感受能力是培养其他审美能力的基础，是整个审美过程的出发点。审美感受能力主要是指感知审美主体美感的能力，审美鉴赏能力则是在感受的基础上产生的对"美"进行辨别、理解和评价的能力，审美想象能力是指通过将外部感知的"美"与自身的知识、能力、经验等要素结合起来而产生的精神美感受能力，审美创造能力则是在以上能力的基础上通过实践创造和创新"美"的能力。审美创造能力是审美能力的最高层次，也是审美教育最终要达到的目的。

（二）审美教育活动

从审美教育的内涵可以看出，审美教育活动主要是指审美能力的培养活动，而审美能力的培养活动主要包括以下三点内容：第一，要对学生的审美欲望、审美理想进行培养，审美欲望是刺激学生开展审美活动的重要推动力，而审美理想则是激发学生审美创造能力的主要动力，这两者是审美教育活动的重要环节；第二，要对学生的审美心理进行培养，优秀的审美心理素质能够指导学生对"美"进行科学的感性认知、理性认识，并且能够在审美想象和审美情感教育方面发挥重要作用；第三，审美教育作为教育教学的一个重要模式和内容，要尊重学生的主体地位和个性化特点，在审美教育活动中充分发挥学生的个性特征和优势，使其表现出创造性。

（三）审美教育开展的重要意义

审美教育活动的重要意义和作用集中体现在以下四个方面。第一，审美教育能够提升学生的个体竞争力。审美教育从本质上来说是情感教育的一种，开展审美教育就是对学生的情商进行培养，而情商则是指导学生获得更好发展的关键要素，通过审美教育能够对学生的精神世界进行充实和完善，在培养学生良好心态和提升个体综合竞争力方面能够发挥十分重要的作用。第二，审美教育能够帮助学生更好地塑造和健全人格。审美教育活动能够对学生的心理产生积极影响，通过审美能力培养、道德意志力培养以及逻辑思维能力构建等活动，促使学生形成正确、系统的审美心理结构，促使学生道德水平的提升、健全人格的形成和塑造。第三，审美教育能够帮助学生摆正心态，正确面对困境。现代社会氛围比较浮躁，使学生群体容易陷入功利主义和投机主义，在这种环境背景下，审美教育能够还原教育教学活动的本质，帮助学生更好地摆脱物质、功利的影响，有利于学生摒弃功利之心，更加纯粹、自然地参与教育教学活动和自我发展过程。通过对真、善、美的鉴赏、想象和创造，实现理性思维的构建和伦理认知结构的完善，促使学生能够更好地面对困境，坦然生活。第四，审美教育活动的开展还能够帮助学生更好地培养自身的独立人格，在高尚情操培养方面也能够发挥十分积极的作用。

二、汉语言文学教学开展审美教育的方式和方法

针对汉语言文学教学的特点以及审美教育的要求，在新的发展时期，为了提高汉语言文学审美教育的效果和质量，对学生进行全面的培养，需要从以下几个方面采取措施，开展汉语言文学审美教育活动。

（一）充分挖掘汉语言文学教学中的审美教育素材

在汉语言文学教学中开展审美教育，最首要的就是要对汉语言文学教学中的审美教育素材进行挖掘和分析，这既是开展审美教育的重要基础和

条件，也是审美教育能够成功开展的重要前提。首先，汉语言文学学科本身就是一种"美"，汉语言文学是我国传统文化的精髓，蕴含着丰富的人文情感教育素材。教师要引导学生对汉语言文学教育的本质、特点、内涵和目的等进行充分且正确的认知。其次，就汉语言文学教学内容来说，教师要在教学过程中引导学生对课文进行全方位的赏析，分析、掌握作者在课文中所应用的创作手法，拆分、认知文章的逻辑结构，了解、体会作者通过字词、结构传递出来的思想和情感。这些都需要学生进行深入的思考，通过了解、认知、思考、内化的过程，逐步提高审美能力，对文章的形式美、表现美、意境美和情感美进行体会和学习。另外，在汉语言文学教学过程中，要对文章中的艺术境界进行挖掘和分析。文学本身是一种很重要的艺术形式，字词的运用、排列和组合以及词句的逻辑结构排列都是作者思想、情感和意识的表达。教师要引导学生学会体会文章的魅力，感悟文学艺术的美感和内涵，进而对学生的审美感受、审美品位和审美意向进行培养。

（二）刺激学生的学习兴趣和学习积极性

针对学生对汉语言文学学习认同度不高的问题，教师要在汉语言文学教学过程中采取措施，培养学生的学习兴趣，推动学生更好地参与汉语言审美教育。21世纪20年代，大学生的独立性、自主性很强，并且视野比较开阔，对新事物和新知识的接受能力也较强，对很多知识具有强烈的学习欲望。教师要紧紧把握当代大学生的群体特点，通过汉语言文学本身的魅力，刺激学生的学习探究欲望，引导学生对汉语言文学的"美"进行分析和探究。刺激学生的学习兴趣，首先，就是要了解学生的兴趣爱好，这是审美教学活动开展的重要环节，只有对学生的兴趣爱好进行了解，才能够在审美教育中采取针对性强的措施。例如，有的学生偏爱汉语言的字词，有的学生偏爱文章整体呈现的逻辑美感，有的学生则对作者的创作背景和要抒发的情感有着浓厚的兴趣，教师要对此进行把握。其次，在兴趣刺激方面，要注重"理论联系实际"，也就是要将汉语言文学审美教育活动与学生的实际生活联系起来，通过联系实际，加深学生对文学作品的探究欲望，进而对学生的审美能力进行培养。

（三）创新和改革汉语言文学审美教育的方式方法

首先，要对汉语言文学教学课程进行科学合理的安排。在课时设计方面，要适当地加大审美教育的时间，改进过分注重知识点记忆、古诗词讲解的做法，将大量的审美内容加入、融合到课堂教学过程中，在教学过程中充分体现审美教育的重要地位，引导学生观察美、欣赏美、感受美、评鉴美、想象美；在教学内容设置方面，要尽量选择符合学生审美实际和审美观念的、具有较高审美教育价值的文学作品。其次，要对汉语言文学审美教育教学方法进行创新。文学作品从本质上来说是作者内心情感和思想的一种表达，不同的人对作品美感的体会是不同的，因此，在审美教育过程中，讨论教学能够起到十分重要的作用。通过讨论教学，学生能够充分地表达自身的想法并交换意见，对作品美感研究产生浓厚的兴趣，还能够对作品的美感进行全面的认识。另外，在审美教育过程中，还应当充分发挥单篇作品教学的系统性、整体性和综合性优势，对个别风格突出的单篇作品进行综合审美教育分析，帮助学生构建审美心理，单篇重点审美教育方法的应用还能够帮助学生树立正确的审美观念，再通过多篇文章的审美教学，逐渐提高学生的审美品位，健全学生的审美能力。

审美教育在汉语言文学教学中的应用和开展，既是汉语言文学学科教学本身的要求，也是提升汉语言文学教学效果、对学生进行全面素质教育的重要措施。教师要重视审美教育的重要意义，在教学过程中充分挖掘汉语言文学审美教育的素材，刺激学生的学习兴趣，创新教育教学方法和模式，对学生开展全方位、多层面的审美教育，不断提高学生的审美情趣和审美能力，为学生人格、独立品质以及个体竞争力的培养和提升奠定良好的基础。

第四节 汉语言文学的语言意境

一、汉语言文学语言意境概述

(一) 语言意境的特点

就大学阶段汉语言文学课程的学习而言，语言意境一般来自学生的情感，进行情感教育可以让学生在生活化场景中感受文本、人物角色所表达的丰富感情。大学汉语言文学专业的教师在开展教学的时候，要扮演好引导者的角色，指引学生把文本中人物的神态、情感、动作及语言分辨清楚，让学生体会文本中人物的情感变化。学生只有通过丰富的情感体验来学习文本，才可以真正地、有效地领会文本蕴含的深意。

(二) 汉语言文学专业概述

汉语言文学专业是中国大学史上最早开设的专业之一，出现于 19 世纪末。20 世纪 80 年代以后，汉语言文学专业得到了很大的发展。其中，文字学课程对汉字追根溯源，分析甲骨文到简体字的历史沿革；现代文学和古代文学课程系统地理清文学的历史发展脉络，逐一讲述历朝历代的文学作品和背景环境，以此来丰富学生的知识面。

二、汉语言文学语言意境的作用

(一) 提升语言素养

语言意境是文学作品中的重要内容，学生需要用心学习体会。语言意境分散在作品中，自由组合成不同方面的内容，学生只有熟练掌握语言技巧，才能精准赏析语言意境。由此，也提升了学生的语言素养。

（二）提升鉴赏能力

经典文学作品往往蕴含着深远的意境，作者通常以意境来承载想要表达的思想感情，意境又由语言来呈现。只有体会到文学作品中意境的表达，才能真正地感受到作者想要表达的感情、作品蕴含的意义。想要对文学作品的意境有所体会，必须提高对语言和意境的赏析水平，然后结合作品写作的时代背景，进行分析和研究。这对学生的鉴赏能力有重要的提升作用。

（三）提升写作能力

学生通过专业的汉语言文学学习，不但可以丰富语文知识，打下良好的理论基础，而且可以培养分析问题和解决问题的能力。

（四）了解传统文化

汉语言文学专业主要培养学生掌握语言和文学方面的知识。在学习过程中，学生可以了解不同时期、不同作家的不同作品风格，感受当时的历史背景，体会作者的内心世界，更加具体地了解我国深远的传统文化，并且将其传承下去。

三、语言意境在汉语言文学中的应用

（一）创作富有内涵的文学作品

创作来源于生活，语言意境可以将生活化的内容转变为精神境界，将生活体验融入创作，使作品具有丰富的情感内涵，感染读者。

（二）抒发情感，积极创新

语言意境对情感抒发有积极作用，不仅可以让学生体会到文学作品中的情感表达，也可以教会学生使用语言意境来审视自我的情感世界。

善于针对文本内涵进行挖掘的教师在开展教学时，可以按照教学内容设计问题，并与学生展开相应的情感交流。学生针对课程的体悟与认知不需要受到段落、词句等语言表达形式的约束，能在感受情感的前提下理解文本内容。当学生与教师都尊重文本的情感、热爱文本的内容时，他们才能对文本有更加深入的理解。

教师也要引领学生积极创新。大学生的主观能动性较强，对现实社会的理解越发深入，文学作品的精神内核能在现实社会中得到反映。创新性地理解文学作品，可结合生活实际，产生情感共鸣。

四、提升汉语言文学中语言学习和意境分析能力的方法策略

（一）强化基础能力，加强朗读训练

朗读可以提高学生对文字的理解能力，还可以提高学生的语言表达能力。同时，由于朗读需要文本，所以，学生能借此接触到许多文学作品，提高鉴赏能力和艺术修养。在朗读时，语调要自然，情感要充沛，充分体会作者通过文本要表达的内核。

（二）着重能力培养，增加背诵练习

人们常说："熟读唐诗三百首，不会作诗也会吟。"可见，背诵不但能帮助学生体会文本所蕴含的思想感情，还能帮助学生归纳出写作方法，促进写作水平的提升。背诵不仅能够强化学生对汉语言文学的掌握理解能力，还可以让学生在日后的写作中引经据典，使文章充满特色，同时对弘扬中国传统文化也会产生积极影响。

（三）综合利用多媒体，深入领会语言意境

多媒体技术是一个涵盖多学科多行业的概念，是应用文字、数据、图像、动画、声音等多种载体对信息进行综合处理，使用户能够应用多种感官完成信息交互的技术。现代媒体技术除了传统的电视电影、录音、投影之外，基于计算机的多媒体技术的应用也越来越广泛，它极大地改变了人

们生产生活和信息交互的方式，使信息的沟通更加便捷顺畅。

多媒体技术应用于计算机、投影仪、电视等设备，对文字、声音、图像、视频等多种信息进行处理，实现信息传递。多媒体可以同时作为信息传播的载体和信息储存的载体，是人们获取信息方法的有效扩展，在工业生产、教育、公共信息咨询、商业乃至家庭生活和娱乐行业都有着大规模的应用。

就现状而言，多媒体技术已经进入了网络时代，宽带网络进入千家万户，为人类提供了极为丰富的信息资源。教师应该重视对网络资源的利用，引导学生自主学习；教师也可以应用网络为自身提供的便利条件，根据教学经验筛选高质量的教学资料，加工之后再呈现给学生，作为课堂知识的补充，提高汉语言文学教学的实效性与有效性。

传统的汉语言文学教学往往过分关注文章写作技巧与词汇的应用，却对于作者平生、时代背景等内容一带而过。然而一个人的思想是不能和所处的时代割裂开的，这样的教学方式不利于学生理解教学内容。应用多媒体技术，教师则可以将作者平生、时代背景以及各家观点等内容整理成为媒体资料，交由学生自主学习吸收。面对更加丰富的资源，学生将形成更加开阔的视野，打破局限性，辩证地看待问题。与此同时，教师还应该鼓励学生自主应用网络，查询相关资料，锻炼学生自主学习的能力。

（四）培养写作能力

要想提高学生的写作能力，必须经过长期的训练以及积累，对于汉语言文学专业而言，写作能力属于基础专业素养，学生只有在理论知识水平达到一定程度后，经过长训练，才能促使自身的写作能力实现质的飞跃。写作能力一旦养成，便能对理解文学作品内涵起到重要作用，能够更加深入地分析文本语言意境。

第五节　互联网与汉语言文学的融合

一、互联网对汉语言文学的影响

（一）互联网对汉语言文学的积极影响

互联网是一个取之不竭的资源信息库，人们的日常生活离不开网络，除了作为娱乐工具，互联网还能在学习方面起到巨大作用。借助网络，可以最大限度地拓展汉语言文学的内容，并通过最方便快捷的方式，提升学习效率。通过网络，阅读和了解汉语言文学作品会更加方便快捷，不仅可以帮助读者节省大量的时间和购书成本，也改变了阅读理念，提升了阅读效率。

（二）互联网对汉语言文学的消极影响

互联网对汉语言文学的消极影响也是不容忽视的。互联网是一个开放的空间，其形式纷繁复杂，内容包罗万象，这会使阅读和学习的质量和效果受到影响，难以体验纸质书籍带来的文化底蕴。网络上诸多娱乐信息大量出现，很容易分散学生的注意力，从而影响到学习和阅读效果。互联网的虚拟环境容易滋生戾气，使人心浮躁，反而导致学习效率降低。

二、互联网与汉语言文学融合的意义

（一）推动社会的发展和进步

当今时代，汉语言文学的内容是极为宽泛的，不仅包括文学创作、欣赏和鉴赏，还连带涉及了文化管理和文化产业等方面。互联网与汉语言文学之间的有机融合，有助于汉语言文学充分发挥在当今社会中的积极作用和优势，推动社会不断进步和发展。

（二）有助于社会价值观构建

汉语言文学能够提高人文修养，对社会价值观的形成也能起到重要影响，对精神世界也有一定的支撑作用。互联网与汉语言文学的结合与应用，从更深层次并更加广泛地影响着人们的人生观和价值观，有利于构建和谐社会。

三、互联网与汉语言文学有机融合的对策

（一）规范网络环境，消除负面影响

网络环境纷繁复杂，其中不乏一些负面的东西，这就要求我们通过网络进行汉语言文学学习时，要正确区分网络资源。网络上一些不良的、不健康、低级趣味的信息随时可能出现，学生不仅要有自制力，也要会判断并拒绝垃圾信息的干扰。另外，政府和网络监管部门也要注重净化网络学习环境，剔除影响学生学习和阅读的不利因素，让互联网在汉语言文学学习中的积极作用被充分发挥出来。

（二）应用多媒体技术

传统的汉语言文学采用板书教学，存在容量小、效率低的弊端，教学与互联网的结合，就是对陈旧教学方式的突破和创新。多媒体技术在互联网资源中极为常见，如果与汉语言文学相结合，发挥多媒体技术的优势，将视频、图片等各种网络资源融入汉语言文学教学，不仅能使得学习更加直观和生动，也给汉语言文学学习增添了更多的趣味性。例如，在学习唐诗的时候，可以使用网络技术制作出生动的视觉特效，还可以用音频配乐朗诵唐诗，对唐诗的背景、内涵与主题进行介绍。这样一来，学生学习起来会更加直观生动。

（三）网络视频的运用

目前，人们对于文字的兴趣明显低于声像结合的作品，导致网络视频

资源是人们获取信息的重要途径。因此，在汉语言文学学习的过程中，可以将文本制作成视频，调动起学生和读者的强烈兴趣。只有在客观上营造汉语言文学作品解读的良好环境，实现对网络的利用，才能取得更好的学习效果。例如，在学习当代文学经典《茶馆》的时候，为了深刻体会作品的主题思想，可以借助网络搜索下载晚清到民国的影像资料，用视频呈现旧中国军阀混战、社会黑暗腐败的现实，让学生了解作品中描述的社会环境和氛围，对作品更有感悟。

（四）纸质文字向互联网媒介的转化

单纯的纸质媒介存在方式单一、容量小、传播慢等弊端，电子阅读方式的出现，使得纸质弊端得以克服。文字作品转化为电子版在网络上传播，是互联网与汉语言文学结合的最佳切入点。通过网络，可以最大限度地存储和共享汉语言文学资源，人们的学习积极性会更高，阅读兴趣会不断增强。

四、总结

总之，互联网对汉语言文学的学习产生了一定的冲击，面对这样的冲击，只有充分利用互联网的优势，实现互联网与汉语言文学的有机融合，将汉语言文学承载到网络平台上，通过网络手段进行学习阅读和体验，才能最大范围地推广汉语言文学的文化价值，实现汉语言文学传承的现代化。

第三章　文学文本与文体种类

第一节　文学文本

一、文学文本的含义和结构

部分文学理论学者认为"作品"是某个作家创作活动的产物，从属于某个主体，不能脱离作家而独立存在。于是，作家个人所表达的思想感情便成为作品蕴意主要的甚至是唯一的来源。可是，人们在文学活动中发现了另一种情况：作家的意图未必都能通过语言符号充分体现在作品中。刘勰《文心雕龙·神思》所说的"方其搦翰，气倍辞前，暨乎篇成，半折心始"（当他刚拿起笔的时候，遣词行文才气倍盛，等到文章写成，效果却仅及预想的一半）的情况其实相当普遍；而读者在接受文学作品时，也往往会形成自己的理解，形成与作家意图不尽相同的认识。这些现象说明，无论对作家来讲还是对读者而言，作品都是一个相对独立的存在，可以将其视为一个有待解释的"文本"。"文本"与"作品"的区别就在于"文本"概念淡化了"作品"的从属性，突出了"作品"的独立性。

（一）文本的含义

"文本"是指一部文学作品的实际存在方式。用法国哲学家、解释学家保罗·利科尔的话说，"'文本'就是任何由书写所固定下来的任何话语"。① 从语言或话语而不是从作家的角度对文本的理解和解释，突出了文本的符号特性，使文本与其所表现的事物之间的关系不是与作家意图的关系，成为解读文本的焦点。文本是一个符号或符号系统，也就是说，文本是按照一定的代码规则组成的一个自足的有机结构，这意味着文本的意义体现在文本的组织结构与它所指对象的转换关系之中。因此，若要理解文本的意义，就需要对文本进行语言结构分析。也就是说，文本的意义并非由作家单方面赋予，人们更多强调的是语言结构对文本意义的规定和"文本"作为符号系统的开放性。

在现代文化批评的语境中，广义的文本是指人们可以对其进行理解和解释的任何符号或符号链。一幅画面、一段旋律、一个场景、一种仪式乃至一套时装、一个手势都被视为文本。文学理论研究所说的文本一般都是狭义的，即文学作品。

"文本"或"文学文本"是英美新批评、结构主义文论、后结构主义文论和接受批评等文学理论极为关注的一个重要概念。在文学理论研究的特定语境中所涉及的文本，大都是指文学文本。然而，上述的各种文学理论对文学文本的概念界定和表述又有一定的差异。在英美新批评的理论中，文学文本是一个独立的语言自足体，是一个独立于作者意图和读者解读的封闭对象；在结构主义文论中，文学文本被看成一个遵循着特定组织规则和逻辑秩序的符号体系；在后结构主义文论中，文学文本具有多种被解释的可能性和意义的开放性；而在接受批评理论中，文学文本成为一个与"文学作品"相区别的概念术语，它处于读者的对立面，只有通过读者的阅读和阐释，才能获得意义，成为现实的文学对象。

上述各家对文学文本的理解虽然不尽一致，但是在强调文本的独立性上是相同的。

①魏巧丽. 试析利科尔的"文本中心论"[J]. 时代青年（教育），2012（11）：19.

（二）文学文本的结构

对文学文本进行结构分析，把握符号系统转换为文学意义的几个结构性的重要环节，对于深入理解文学文本具有重要意义。另外，了解文本的结构也有助于辨识文学文本与非文学文本的差异。文学文本是一个符号体系，与任何符号都指向或蕴含了某种意义一样，文学文本也指向或蕴含着某种意蕴。

这种划分方式可与中国古代文论在阐述文学文本时常用的"言""象""意"的划分相呼应。综合中外文论相关的理论观点，从语言层、现象层和意蕴层三个层次上讨论文学文本的结构特点：

第一，文学文本的语言层是文学文本构成的第一个层面。人们阅读文学文本时，首先接触到的是由语言材料构成的文本外观，其呈现为线性组合的词句。语言以及它的符号记录形式——文字，作为构筑文学形象体系、传达文学信息的媒介，通过一定的组合关系，构成了文本的语言层面。语言层包括语音和语义两部分，相当于波兰现象学哲学家、美学家罗曼·英加登所说的语音层次和意群层次。

文字符号本身是一个音义结合体，非文学文本一般不去刻意突出语言的声音特征而只是关注语义，但是在文学文本中，语音可以不和具体意义相匹配。中西语言在性质上虽有表意和表音之分，但美国文学理论家、文学批评史家雷内·韦勒克在论述语言的声音层面时，强调的"谐音、节奏和格律"等要素，在汉语中也被视为造成文学文本独特语音效果的主因。尽管在不同的语言中，谐音、节奏和格律的具体表现并不相同，但有一点是一致的，即语词的声音效果很难与诗的意义语调相背离。

讲究音韵使文学语言读起来上口、悦耳，能更好地体现中国古代文论常说的"气势"，使读者从声调中感受到情感的波动，有一唱三叹、荡气回肠的效果。

语言文字是表达意义的，文学语言同样如此，不过文学文本在语义层面上有和非文学文本不同的特点。非文学文本为求得交流效果的直接性和透明性，在语义方面往往追求明了、准确的效果。而文学文本的语义表达基于内涵的丰富性、信息的综合化和体验个性化的要求，则会借助各种修辞手段，有意违反已有的语言成规，以期使它的表意成为具有审美价值的艺术创造行为。文学语言因此具有多义朦胧、含蓄蕴藉的特性。

文学语言的这种语义特征可以根据文学文本所处的特殊语境来把握。语言学所讲的语境是指与言语行为有关的超语言背景。社会语言学家认为，若想确定话语的真正含义，就应将其置于实际的环境中去进行研究。也就是说，语境使文本具有了意义。但是，与非文学文本一般都具有单一而明确的语境不同，文学文本语境建立的前提条件恰恰与日常语境相脱离，只有当文本脱离了日常实用语境、超然于实际目的之后，才可能被理解为文学文本。当然，脱离了日常语境的文学文本并不是不需要依靠语境来确定其意义，而是要将文本放在一个开放的环境中，使其得以在多种语境关系中体现多样化的意义内涵。文学文本语境的这个特点为读者的创造性参与提供了条件，使读者的想象活动有了更开阔的空间。美国学者、理论家乔纳森·卡勒指出："如果文学是一种脱离了语境，脱离了其他功能和目的的语言，那么它本身就构成了语境，这种语境能够促使或者引发独特的关注。"[1] 当读者在自己的创造力和想象力的引领下，为文学文本构筑起一个超越日常语境的审美语境时，文学文本的语言层面作为一种特定符号组合，便指向和显示了一个特殊的文学形象体系，文学文本实现了由语言层向现象层的转换。

第二，文学文本的现象层是文本结构的第二个层面。与非文学文本不同，文学文本语言的所指并不是抽象的概念，而是一个文学形象体系。从文学文本主要是由形象系统构成的意义上说，有无现象层是区分文学文本和非文学文本的根据之一。用钱锺书的话说："诗也者，有象之言，依象

---

①〔美〕乔纳森·卡勒. 牛津通识读本·文学理论入门［M］. 李平，译. 南京：译林出版社，2013.

以成言；舍象忘言，是无诗矣，变象易言，是别为一诗甚且非诗矣。"① 因此，在文学文本的构成中，现象层居于核心地位，它既是语言层的所指，又是意蕴层的能指。现象层的这个特点也成为判断文学文本审美价值的重要根据：文学文本不仅要有生动感人的形象或意象，而且这个形象体系还应有丰富幽深的审美蕴涵。具体来说，在抒情类文学文本中，现象层主要体现为连贯流动的情感对应物；而在叙事类文学文本中，现象层则体现为行动的人物、发展的情节和变换的环境。

抒发主体情感是抒情文本的基本特征。情感本身是不具形体的，用语言文字表达情感要经过一个转换过程，把无形无相的内在情感转化为具体可感的艺术形象。比如，约会对象久久不来，难免焦躁不安，这大约是每个人都有过的经历。倘若直接抒写失落、烦躁的心境，恐怕很难表现得蕴藉有味，然而南宋诗人赵师秀的《约客》，却用景物和细节的描绘，把这种情绪表现得深蕴含蓄，余味无穷："黄梅时节家家雨，青草池塘处处蛙。有约不来过夜半，闲敲棋子落灯花。"诗人以"黄梅时节"的雨多天闷、蛙声不断，写出主人期盼客人的焦虑；不绝于耳的雨声、蛙声，更反衬了"有约不来过夜半"的孤寂。最妙的是末句，以"闲敲棋子"的下意识动作，写出了主人由期望转失望、因久候而无聊的心境。将情感转换为形象的抒情方式，就是给情感寻找一种能够使之凝定与物化的"客观对应物"。所以，人们由语词现象去把握其传达的情感蕴涵时，不应胶着于文字现象本身。可以说，抒情文本的现象层不仅是由文字固定下来的实景，更应是由物化形象引发的、能促使人产生悠远联想的虚境，即所谓的"诗家之景，如蓝田日暖，良玉生烟，可望而不可置于眉睫之前也"。以实出虚、以有寓无，在虚实相生中塑造朦胧而又完整的文学形象，这正是抒情文本现象层面的特色。

从现象上看，叙事文本的现象层似乎是对生活现实情景的描摹，不像

---

①钱锺书. 管锥·周易正义 [M]. 北京：中华书局，1979.

抒情文本的现象层那样，可以使人明显感到主体的介入。其实，构成叙事文本现象层的形象体系同样是虚构和想象的产物，和抒情文本的现象层一样涵容了某种意蕴。比如说，故事讲述行为需要遵循一定的故事逻辑才能完成。故事逻辑是指在先后发生的事件之间，通过叙述，人为建立起的一种关系，以此来表述事件之间的因果联系，因此具有虚构的性质。在叙事文本的现象层面上，人物、情节、环境被赋予了与生活材料不完全一样的特征和形态。

第三，文学文本的意蕴层，即文学文本的"蕴含意指"。对于文学文本来说，虽然形象的创造即现象层的存在至关重要，成为人们区别文学文本和非文学文本的根据，但是从根本上讲，现象层的创造并不是文学的目的，文学文本的价值最终取决于它所蕴含和显示的审美意味。正是在这个意义上，意蕴层是文学文本构成中不可或缺的成分；意蕴是否丰富、深厚，直接影响着文学文本的审美价值；意蕴是文学文本的灵魂所在。

在英加登的文本结构四层次划分中没有涉及意蕴层的问题，他所说的再现客体和图式化外观层次都属于文本的现象层面。也许是意识到原有理论的不足，英加登后来又谈到了"构成作品顶点"的"形而上学性质"或"观念"。他说："在阅读中现实化的外观不仅使作品再现客体的直观外观更强烈更丰富，它们还把一些特殊的审美价值因素（例如装饰因素）带到作品中来。对这些因素的选择常常同作品或其某一部分的主要情调密切相连，或者同一种形而上学性质密切相连。一种特殊的形而上学性质的出现构成了作品的顶点并且在阅读中对作品的审美具体化发挥着重要的作用。"在英加登看来，"文学的艺术作品的'观念'是一个既可以在作品中具体地呈现也可以通过作品而呈现的、互相调节的、'可以证实的'、综合的、本质的审美价值质素集"。① 不过，英加登提醒人们注意，这种"形而上学性质"或"观念"并不是一个和文学作品无关的、同作品相异的结构，而

①关秀丽. 文学理论与文学创作研究［M］. 北京：现代出版社，2019.

是"我们可以把它设想为在作品本身中"的"观念"。因此，文学文本经过读者读解之后，不仅能够构成一个审美对象，"并且能够产生一种同作品相适应的审美价值"。

英加登所说的文学文本作为观念加以表现的审美价值，与黑格尔对艺术作品"意蕴"的分析颇为相似。

如果说文学文本要表现某种观念的话，那么它也不是一般的观念，而是诗意的观念，即意蕴内涵与诗意形象的完美结合。正因为文本的意蕴包含于文学形象之中，而不是直接显示出来的，所以文学文本的意蕴才显得意味深长。文学文本的意蕴只可意会，难以言传；"意会"即对形象的感受和体味，"言传"之难就在于找不到确切的概念说清楚。据此，可以说文学文本的意蕴即蕴含于文本现象层的意义，具有含蓄、多义的特点。

文学文本是一个由语言层、现象层和意蕴层所构成的、有深度的统一体，上一层次是下一层次的形式化显现，而下一层次则给上一层次提供了存在的内容和依据。其中，现象层具有中介连接的作用。文学形象在与文学语言和文学意蕴的双重关系中体现了文学文本的内容与形式的辩证统一。

二、文学文本的体裁分类

虽然可以根据语言层、现象层和意蕴层的结构关系以及三个层面所具有的特点，从整体上了解文学文本的特殊性，但是又要看到，在文学文本整体中还存在着不同的文本类型，它们在具体的形式结构上，如语言的表现形态、体制篇幅的规模等方面，还有相当大的差异。这就要求把文学文本划分为不同的文体种类，通过文学体裁的分类研究，进一步细化对文学文本的认识。辨识文本结构形式及其相关因素的差异性，是从理论上区分文体种类和文学体裁的主要根据。但是，这并不是说体裁分类只是一种形式研究，因为文学的体裁分类既涉及对文本存在的基本形态和表现形式的确认，也是对各种文学文本的话语程式和规范惯例的一种分析和认识。

（一）体裁分类及其理论意义

中国古代文体学对体裁分类有相当细致和深入的研究，不过"体裁"这一术语在古代文论中却出现得较晚。

在现代文论中，"体裁"是对法语词 genre 的汉译，genre 在英语中对应的词有 type（样式）、species（种类）、class（门类）等，是指文本的明显可辨的种类特征，这些特征是作者遵循和运用一定写作规范的结果，它可以防止读者将此文本与其他文本相混淆。正像在英语中没有一个与 genre 等义的词一样，在汉语中，genre 也被译为"体裁""种类""文类"等不同术语。

体裁分类对文学研究具有重要意义。文学文本体裁分类问题受到重视，是文学发展相对成熟、文学观念趋向自觉、文学理论逐渐完善的标志。这样说的原因在于，在现代文学理论看来，体裁处于联结和规范各种文学活动的中介位置。概括来说，体裁分类的理论意义表现在以下三个方面：具体文本与总体文学的中介，作者创作与读者阅读的纽带，文学传统与个人写作的桥梁。

一切具体的文学文本都是个性化的，但正像个性化的言谈离不开稳定的类型化的语言模式一样，个性化的文本也只有在获得稳定的、非个性化的形式即取得某种体裁之后，才能形成特定的意义。体裁分类理论把具体文本放在文学的范式、惯例的背景上加以研究，在具体文本的批评阐释与文学整体的理论框架之间建立起了联系，有关体裁分类的理论因此成为研究具体文本与总体文学之外的第三种研究成果的结晶。由于体裁是这样一个大于单个文本又小于总体文学的中间概念，所以具体文本中各成分的结构意义只有与体裁联系起来才能理解，而文学理论研究又需要以体裁这一文本的规范化形式来统合对具体文本的解读与阐释，将体裁作为建构理论的出发点与根据。

在文学创作与文学接受活动中，作者和读者的行为都要受体裁的规范和制约。每一种体裁都具有一定的观察和理解现实的方法和手段，其特点完全由这些方法决定，作者必须学会以体裁的眼光观察现实。

文学体裁是在文学历史进程中逐渐产生并发展成熟起来的，当面对一个文学文本时，体裁理论实际上是把当前的文本与历史形成的文学规范相对照和相联系，使人们通过成规和惯例来把握文本的特点，对它做出阐释和评价。因此可以说，体裁意识和体裁理论中内含着历史因素。

（二）体裁分类的几种基本方法

文学文本的体裁分类既是一个历史性的问题，又是一个理论性的问题。说它具有历史性，是因为体裁分类的结果总要适用于文学史上已经存在的大量文本，而且对于将来一定时段内可能出现的文本也要有基本的定位和归类作用；体裁分类既有总结性，又有前瞻性。说它具有理论性，是因为体裁分类作为文学理论研究的重要组成部分，又是在一定的理论基础上展开的；由于分类所依据的理论的着眼点和切入角度不同，所以，其结果会有相应的差异。文体分类上之所以会形成"二分法""三分法""四分法"等不同的分类方法，原因就在于此。

韦勒克认为，文学文本分类的根据大致着眼于两个方面。[①] 文体的划分"应视为一种对文学作品的分类编组，在理论上，这种编组是建立在两个根据之上的：一个是外在形式（如特殊的格律或结构等），一个是内在形式（如态度、情调、目的等以及较为粗糙的题材和读者观众范围等）"。韦勒克指出，从表面上看，二者中任何一种都可以成为分类基础，但关键性的问题在于还要找到另外一个根据，以便从外在与内在的结合上来确定文学类型。

文学文本的体裁分类随着文学的发展和理论依据的变化而形成了不同的划分结果。从中外文学理论史看，最早出现的是"二分法"。中国的"二分法"把文本体裁分为韵文和散文两大类，其依据是文本的外部特点

---

①支宇. 文学批评的批评——韦勒克文学理论研究［M］. 北京：中国社会科学出版社，2004.

即二者在语言形式上的不同。由于这种划分过于笼统，没有涉及题材、构思等问题，难以区分文学文本和非文学文本，现在已废弃不用了。国外的"二分法"以亚里士多德在《诗学》中的划分为代表，其根据模仿现实手段的不同，将文本划分为史诗和戏剧两大类。史诗由于是通过语言来模仿现实的，不像戏剧那样有音乐等因素介入，因此被看作严格意义上的文学类型。至于史诗的语言表现形式，则既可以是韵文，也可以是散文。可见，同样是"二分法"，以亚里士多德为代表的西方古典文论更侧重于文本的内在形式。亚里士多德的"二分法"没有提及抒情诗，当抒情诗在文学中的地位逐渐提升之后，"二分法"便由"三分法"所替代，即将文学文本分为叙事、抒情、戏剧三类。"三分法"至今仍然流行于西方文论界。

　　加拿大文学批评家诺思洛普·弗莱的"四分法"是以文学文本具有不同的表现方式为分类根据的。[①]他说："文类的中心原则是相当简单的，文学中的文类区别的基础似乎是表现的原则。词语可以在观众前面表演出来，可以在听众面前讲出来；或者它们可以歌唱出来，或者可以为读者写出来。"弗莱列出的四种不同的文本表现方式，对应于四种文类。弗莱的"四分法"与我国流行的"四分法"在立论依据与分类结果上并不相同。在我国，"四分法"是将文学文本划为诗歌、小说、散文、戏剧文学四大类。这种分类方法主要着眼于文学文本的外在形态，也考虑到题材选择和形象塑造的特点，以文本的语言特征、体制篇幅为依据加以分类。此种划分初见于晚清时期，五四以后被广泛运用，并在理论上予以确立。它由于具体明确，易于掌握，运用方便，尽管在理论依据上也许不如"三分法"严谨，但实用性更强，因此成为现代文学理论采用较多的一种体裁分类方法。

---

　　①高海. 神话的诗学——弗莱文学批评理论研究［M］. 北京：中国人民大学出版社，2009.

第二节 诗 歌

一、诗歌与抒情

诗歌是最古老、最重要的一种文学样式。"古老"是说早在原始社会就有了诗歌，最初的诗和音乐、舞蹈结合在一起，后来才逐渐独立出来。"重要"是指在世界文学史上，诗歌曾长期处于主导地位，被视为文学的代表，以致"诗"成了文学的统称。无论是中国还是西方，"文学"的观念都要比"诗"晚许多。

诗是借助讲究韵律的语言和丰富的想象，含蓄地表现思想情感的文体。这个界定说明了诗歌的主要特点在于它的抒情性和语言的韵律性。不过，在相当长的历史时期里，西方文学理论更看重的却是诗歌的叙事功能，而不是它的抒情性。

抒情诗在中国的地位却和西方相反，诗的抒情性从一开始就受到人们的肯定。古代典籍《尚书》中有"诗言志，歌永言，声依永，律和声"的说法，"言志"是指对内心情志的表达；"永言"即"歌咏"，是说诗以歌咏的言说方式来言志；"声依永""律和声"则是指诗歌的吟唱讲究声音的和谐优美，体现了诗歌语言讲究韵律的抒情特点。《尚书》所描述的是最早的诗歌活动，那时的诗还不具有真正的文学意义，而是与祭祀、祈祷、巫术等活动联系在一起，有着一定功利目的的活动。也就是说，人类早期的诗歌活动不仅具有诗、歌、舞三位一体的特点，而且诗与巫也是联系在一起的，人类祖先常常用这种方式向神灵表达自己的愿望、理想和祈求。排除原始诗歌活动中的巫术、神话因素，从中能够看到的就是诗歌表达理想愿望的抒情性。中国古代的诗歌还是以抒情言志为主流。

抒情性是诗歌作为一种文学样式的基本特征，在今天已成为共识。

诗的抒情性首先体现在对题材的选择和处理上。与其他抒情文类一样，诗歌一般很少对社会生活的形态、人们之间的联系以及事件发展的过程做具体细致的描绘。

不应狭义理解诗的抒情性。"诗言志"对中国诗歌有着深远的影响，后来虽然有"缘情"一脉，但"情"和"志"始终都有密切的联系。诗歌所表现的感情，是因为凝聚了诗人独特的人生体验和审美理解才获得了强烈的艺术感染力。所以，对诗来说，抒情并不意味着情感毫无节制地宣泄。相反，有成就的诗人都会通过不断提炼、升华自己的情感而使之获得更为普遍的审美意义。

诗歌对情感的表现需要丰富的想象来支撑，想象性成为诗的又一个显著特征。正像赫兹利特所说，"诗歌是幻想和感情的白热化"。虽说一切文学创作都少不了想象，但是对于叙事文类来讲，想象的腾飞还需要顾及事件发展的逻辑，并保留物象的自然形态，唯有诗歌才要求想象的"白热化"，给想象提供广阔的空间。其原因在于，想象和情感之间存在着彼此相依的互动关系：情感的运动为想象和幻想的活跃提供了内在动力，而唯有丰富的想象才能为情感的表现找到使之外化的形象。

二、诗的语言和结构

在各种文学样式中，诗歌对语言的要求最为讲究，"诗是语言的精粹"。诗人要撷取和提炼自己的审美感受，以理想的形象体系来表现，创造出饱含审美意蕴的意象和意境，也就相应地要求凝练而富于表现力、具有节奏和韵律的语言，诗的语言和日常生活语言因此有了明显的区别，表现为诗歌对日常语言的"背离"。就像黑格尔说的，当"一个民族已经掌握了一种发展成熟的表达日常生活的散文语言"时，"为着要引起兴趣，诗的表现就须背离这种散文语言，对它进行更新和提高，变成富于精神性的"。诗歌语言的这种"背离"首先表现为诗对日常语言的提炼，诗要以尽可能经济的语句表达尽可能丰富的内容，使每个词都有极强的表现力。

为了达到这个目的，诗歌甚至使语言发生扭曲和变形。诗歌对日常语言的"背离"还表现为对规范句法的"破坏"。在中国古代诗词中，主谓宾的位置相当灵活，诗人经常为了突出某个意象或造成某种特殊的语言效果而改变词序、句序、字词组合和句子结构。

随着情感的起伏和流动，诗歌自然形成了鲜明的节奏与和谐的韵律。节奏是在诗人情感支配下，由声音的强弱、高低、长短以及音节的停顿所构成的一种有规律的运动。不同的心情往往表现为不同的诗歌节奏。如表现轻松愉快的节奏为明快悠扬，表现昂扬奔放的节奏为急促有力，而悲哀忧伤的表现则需要缓慢低沉的节奏，语言节奏成为传达情感最直接、最有力的方式，或者说节奏本身就是诗歌情绪、情感的构成部分。节奏既体现在诗歌句子的内部，也体现在句与句、节与节之间的联系和结构上。押韵是加强诗歌节奏、增加感情色彩的一种手段。押韵的形式多种多样，与各民族语言的特点有着密切关系，汉语诗歌一般押句尾韵。

经过长期的创作实践和历史承传，形成了对诗歌在字数、句数、节奏、押韵、音调等方面的某些固定要求，如汉语诗歌对平仄的要求，英语诗歌对轻重音、长短音的要求，于是古代诗歌创作逐步走上了程式化的道路，形成了严格的格律。狭义上的中国古代诗歌分为古体诗和近体诗两种，唐代以前的古体诗，或称古风、古诗，除了押韵，并没有其他严格的格律要求。产生于齐梁，形成于唐代的近体诗，则在诗的字句、用韵、平仄、对仗等方面都有严格精细的格律限制。后来兴起的词、曲等诗歌形式也有和近体诗相接近的格律要求，而且由于词牌、曲牌的多种多样，格律的要求更为复杂。而西方诗歌中的轻重音、长短音、音步、顿数等，也往往都有一定的格律限制。十四行诗就属于格律要求严格的诗歌样式。

诗歌具有与日常语言不同的特殊语言形式，而这些语言形式又关联着诗歌所要表现的思想感情，所以很难把诗歌转译成散文。其难点不在于词语意义的传达，而在于节奏韵律、分行排列等语言形式所蕴含的种种情感色彩和审美意味往往是散文语言无法表现的。

因此，西方形式主义文论尤为关注诗歌和语言形式之间的这种关系，对诗歌和语言关系的深入研究，使形式主义文论对语言形式在诗歌中的意义、对诗歌语言形式的特殊性等方面，提出了许多颇有启发意义的见解。

与诗歌语言表现的上述特点密切相关，诗歌在结构上也有自己的特色。从表层结构上看，诗歌和其他文体明显不同的是诗的分行、分节排列；从深层结构上看，诗歌追求跳跃式的结构形式；诗歌的结构可以既不遵循自然的时空顺序，也不遵循事理的逻辑关系，而是依照主体情感抒发的想象轨迹展开，其间许多省略、伸缩、交叉和颠倒，打破了按部就班的秩序，形成了跳跃式的结构，诗歌因此具有了与其他体裁迥然不同的文体面貌。

三、诗的意象和意境

（一）意象

中国古代诗学极为推崇意象。在诗歌理论中，意象是指将某种情感意念融入特定物象的艺术形象。其中的"意"指意念、意蕴，"象"指经过意念、意蕴点染的物象；"意象"即表意之象、寓意之象、见意之象。"意"与"象"的关系正如三国经学家、魏晋玄学代表人物王弼所说，"象生于意，故可寻象以观意"。意象的最大特点在于它是一种为表达某种意蕴而创造的形象。虽然某些意象在形态上也保留了对具体物象的描绘，但是其中所包蕴的丰富内涵不是生活物象本身所具有的。

西方文论把意象视为诗人的主观意念与外界的客观物象猝然撞击后的产物，显然偏重主观印象在意象构成中的作用。

意象的创造和运用并不完全取决于诗人个人，意象的生成和运用不仅要受民族的心理结构、文化背景和文学惯例的影响，还会受业已存在的诗歌意象体系的制约，甚至和人类共通的心理有关。天阴天晴，在古往今来的诗歌中都是和人的情绪的消沉抑郁或开朗高昂相联系的意象。根据心理学家和生理学家的研究，空气的潮湿程度和人的情绪之间确实有着一定关系。至于自然界的其他种种物象，诸如日升日落、月圆月缺、夏去秋来、冬尽春回、山岳摩天、江河入海等，自古至今，无不与人的情绪、心境相呼应，构成某种默契，从而形成具有普遍意义的审美关系，具有荣格所说的原始意象的性质。它们在历代诗文中反复出现，延绵不绝，形成了不言自明的象征意义。在共同的自然环境、历史背景、文化传统基础上产生的意象体系，是一个民族的重要精神财富。一些艺术感染力很强的意象，往往被历代诗人们一再袭用。因此，从纵的方面讲，意象有传承性；从横的方面讲，意象有普遍性。诗人在此基础上，或袭用旧的意象，或创造新的意象，用以表达自己独特的审美感受和理想。当然，在文学发展的进程中，某些古老的意象会由于种种原因变得陈旧而丧失了生命力，从而促使诗人们去创造新的意象。

（二）意境

意境是中国古典诗学的重要范畴，在西方文论里难以找到一个与它相当的概念或术语。意境是指诗人的主观情意与客观物象相互交融而形成的一种艺术境界或审美境界，具有"境生于象而超乎象"的特点。

文学往往需要通过描绘、营构有形的生活现象来传达作者的生活感受、体验和评价，从而形成构形与表意的结合。意境包括了意和境两个方面，而且意的因素更显得重要；在构形和表意两个环节上，表意居于主导地位，因此形成了意境在构形和表意上的特点。

意境的绘形除了要受主体意识的投射、点染之外，还有虚化和集合性的特点。所谓虚化，是指作家对具体物象及其相互关系不做工笔式的实写描绘，而是跳跃式地大笔虚写，甚至不写，使诗歌呈现出不同程度的空白，给读者留下想象和体味的天地，造成"象外之象，景外之景"。

意境的表意对于绘形来说具有积极的主导性，即根据主观意念，对客观事物的面貌和性质做种种渲染和改造，对客观物象之间的联系做种种调整和虚构。除此以外，意境的表意一般还具有超越性和哲理性的特点。所谓超越性，是指意境所包含的意蕴不但超越了具体物象，而且多有言外之意、弦外之音，言有尽而意无穷，留下了再三玩味体验的空间。和意象一样，意境具有创造的主观性、内涵的不确定性和感受的意会性。

而且，意境往往是由众多意象组成的，因而就在更大范围和整体上显示出这种特点，具有唐代诗人司空图所说的"韵外之致""味外之旨"。

第三节　散　文

一、散文与感受的抒发

散文的产生始于文字记事。在中国，"散文"作为一种狭义的体裁的称谓，被认为最早出现于南宋，如南宋进士罗大经《鹤林玉露》记杨东山语："山谷诗骚妙天下，而散文颇觉琐碎局促"；又记周必大语："四六特拘对耳，其立意措辞，贵于浑融有味，与散文同"，就是从文体观念上对散文、韵文和骈文的区分。那么，什么样的散文才称得上是文学散文呢？

（一）散文的含义

作为文学体裁，散文首先是和韵文特别是诗歌相对的概念，和英文的prose 的内涵基本相同。在我国古代，散文最初只是一个和骈文相对的概念。不过这种区分并不是专指文学作品，也适用于经传史籍等非文学性作品。到了现代，随着文学观念的日趋清晰，人们所说的散文就排除了一切韵文和骈体文。不过仅仅着眼于语言特点的散文概念仍是一个广义的大散文概念，非文学性的散文也包含其内。到了 20 世纪 30 年代中期，新文学家们对文学散文的基本认识是："我们的散文，只能约略地说，是 prose 的译名，和 essay 有些相像"，"是与诗、小说、戏剧并举，而为新文学的一个独立部门的东西，或称白话散文，或称抒情文，或称小品文。这散文所包甚狭，从'抒情文''小品文'两个名称就可知道……"在上述狭义散文的发展过程中，报告文学、传记文学、杂文等体裁也逐渐兴盛，被人们归入散文一类。可是，如此划分虽然排除了非文学性的散文，却又使散文的内涵模糊起来，外延也过于宽泛、芜杂；现在的一般做法是将报告文学、传记文学、杂文列为独立的文体。

20 世纪 80 年代以后，散文创作得到了很大的发展，在许多方面突破了人们对现代文学散文的某些约定俗成的规范。例如，以文化散文、学者散文等命名的散文创作，就在题材、篇幅、风格等方面和传统意义上的"抒情文"或"小品文"有了相当的距离。文学散文与非文学散文的根本区别并不在于是否讲究语言形式之"美"，是否讲究修辞技巧；文学散文最突出的特点在于它是对人生审美感受或感悟的抒发，而非文学散文则不以这种审美表现为目的。从这个意义上讲，可以将文学散文界定为一种以抒发对人生的审美感受为内容的文学体裁。

（二）散文抒发感受的特点

散文和诗歌、小说、剧本等文学体裁一样，都要表达作者对人生的审美感受，有所区别的是，散文把感受的抒发作为基本内容和行文的脉络，不像小说以叙事为主，散文作者对于生活的感受只能通过叙事间接地表现，感受既不是叙事的主要对象，在小说中也不具有独立的意义；也不像以抒情为主的诗歌那样，使感受的表达受制于情绪和情感，诗歌很少对感受本身做理性的梳理与反思。而散文不仅在内容上要求真实、直接、自然地表达作者对人生的感受和体悟，更要展现这种感受和体悟产生的过程和缘由。散文对感受的表现从内容到形式都更趋向于生活的自然形态，有着比诗更大的自由度。

散文在取材表意方面比诗歌更为广泛和丰富，可以广泛地表现大千世界的种种人事景物、情理心态，几乎没有对象上的限制，而且在表现的方式和手法上可以兼用叙述、描写、议论、抒情，没有其他文体必有的各种惯例和成规，限制仅在于必须融进作者自己对生活对象的真实感受和体悟。将散文归结为"抒情文"是广义的，散文的抒情要求融入一定的理性成分和反思意味，经常带有叙述性的描写和哲理性的议论。这种叙述和议论成分深化了情感的表现，也深化了读者的理解和体验。散文是从现实生活或历史生活中撷取的某些侧面和片段，但是并不停留在记述和描绘上，要表现的是对于现实和历史的感受、反思和审视。

散文不但拥有广泛和丰富的题材，而且在传达审美感受方面也有独特之处。散文往往是从心情和感觉的自然形态出发，渐进地注入对审美感受的表现、梳理和反省，包括意象的创造和意境的升华；诗歌则是将诗人的审美感受凝聚于意象或意境，作为已经完成的审美对象提供给读者，经验过程跳跃而模糊。散文抒发感受更讲求对经验或心理的梳理，讲求感受经验和经历的真实性和具体性，反对虚构。

散文虽然有抒情性散文、记叙性散文、议论性散文的区分，但实际上都属于广义的抒情，即表达对生活的感受，只是在表达感受的对象和方式上有所不同而已。而且，在各类散文里，抒情、记叙、议论等因素也不同程度地并存，只是以其中某一方面为主或更突出而已。

抒情性散文一般有较多的情感成分，对狭义的情感抒发倾注了较大力度，和诗歌有更多相近的成分。其中一部分就被称为散文诗，处于散文和诗的交叉地带。这种抒情性散文特别注意对意象和意境的营造。

记叙性散文以记叙为主要表达方式，但感受的抒发是叙述主线，贯穿叙述始终。记叙性散文按记叙对象大致可以分为叙事、记人、写景、状物等类型。记人和叙事散文区别于小说、报告文学、传记文学对人物、事件的把握和表现，一般不追求人物和情节的完整性，而重在抒发对人物和事件的主观感受和认识，更融入了作者的反省和体认。写人常常只是通过若干片段，以小见大，注重神似和人物的内在精神。叙事则不讲究故事与情节，往往在勾勒事件基本框架的前提下，突出细节和印象。写景和状物在小说、报告文学、传记文学中处于辅助性的地位，作为人物、事件的背景或环境，在展示人物性格、推动情节发展中起烘托铺垫的作用。散文却将其作为独立的审美对象来表现，使之成为抒发、寄托感悟的对象或载体，以致使写景、状物类的散文往往带有比记人、叙事类散文更浓重的主观抒情色彩，甚至描写的就是情意化、人格化的景物。

议论性散文虽然以议论为主，但文学散文的议论在叙事或描写的语境中，融合了较多的言情表意成分，抒发自己对人生、社会和历史的审美感受和体悟。议论中的引经据典，说古道今，无不体现知识性的趣味和感悟人生的智慧，在与现实人生产生一定程度的碰撞、接通和融合中，发生特殊的审美联系，从而实现间接的抽象知识与直接的具象知识的平衡。这类散文对于提升散文整体的审美特质具有重要的意义。

二、自由和自然的形式

由于直接朴素地表达人生感受的需要，散文在表现形式上显得更为自由和自然。

（一）散文的结构

散文在结构方面和诗歌有某些共同之处，它们都以主体内心情感和思绪的流动起伏作为线索，具有心理结构或情绪结构的特点。与诗歌结构的不同之处在于，散文对篇幅和结构的要求没有诗歌那么严格，因而可以比较轻快舒畅地进行抒写，似乎是信手拈来，随意点染。但是，这并不是说散文的结构散漫无拘，抒发某种关于人生的审美感受始终是组织散文结构的潜在规则，由此形成了散文题旨的集中性和结构形式的灵活性。

（二）散文的语言

抒发感受决定了散文语言具有质朴自然、随性而谈、娓娓道来的特点。如果说论文的主体是报告者，小说的主体是叙事者，诗歌的主体是自语者，那么散文的主体则是以对话者的姿态出现，散文语言因此被林语堂等人界说为"小品文笔调""闲谈体""娓语体"等，要求散文写作"如良朋话旧，私房娓语。此种笔调，笔墨上极轻松，真情易于吐露，或者谈得畅快忘形，出辞乖戾，达到西文所谓'衣不纽扣之心境'"。强调散文语言的自然和放松，并不是说散文语言不用加工或只能有一种特色，而是就散文语言为抒发感受而形成的文体风格和整体要求来说的。其实，由于表意的需要和篇幅的限制，散文对语言的精练和形象化有着相当高的要求。有些散文名篇甚至写得很华美，语词绚丽，章句复杂，修辞多样。但是对于散文来说，各种风格的语言形式都只有一个目的：更酣畅地表达作者的审美感受，从人生感受的交流上讲，只是显示出一种不同的谈话风格而已。

其实，以有限的文字来表达对于人生的某种感受，使散文语言在许多方面有着和诗歌一样的追求，都要求语言的凝练含蓄；为了适应情感表现的丰富多彩，也都重视修辞方式和语言技巧。只是散文更追求平易自然，诗歌更讲究章法格律。诗歌抒情要有自我，散文对感受的诉说需要倾听和交流，言语姿态有所区别。散文和小说相比，因为抒发感受的需要，在叙述和描写的自然平实之中，也不免流露出个人趣味，显得更个性化一些。

散文的性质决定了它给作者个性的张扬提供了更广阔的空间。小说出于叙事的需要，主体审美感受的表达往往是间接的，其个性隐含在叙事话语和人物的创造中。诗歌张扬的自我则不得不受特定形式如节奏、韵律、语言、结构等方面的束缚。相比之下，散文要自由多了，它不但要展现作者个人对生活的感悟和理解，还要表现这些感悟和理解的形成过程，写出心灵的碰撞和震动，因而散文更容易流露出作者的自然情感，袒露出作者的性情和气质。

第四节　小　说

一、小说与叙事

中国小说的源头主要有两个，一个是古代神话传说和先秦诸子典籍中的寓言，另一个是《春秋》《左传》等史传文学。"小说"一词最早见于

《庄子·外物》："饰小说以干县令，其于大达亦远矣。"不过此处的"小说"并不是指一种文体，而是指与经国治世的大道理相对的"小道理"，甚至是庶民百姓口头传播的琐屑之言。到了汉代，开始出现"小说"这种文体。按照东汉初年哲学家、经学家桓谭的解释，所谓的"小说"是"丛残小语"，对于"治身理家，有可观之辞"。此时，小说是指作为正史的附庸和补充而存在的稗官野史，只能说是雏形。直到唐代"传奇"出现，小说才从野史和琐碎闲谈的限制中走出，成为一种独立的文体。

在西方语言中，称谓小说的词有 novel，roman，fiction 等。Novel 最初的意思是新奇异常，表示一个带来新信息的、令人惊异的故事；roman 源于中世纪的 romance，意为用民间语言讲述的传奇故事；fiction 的原意是谎言和虚构杜撰之词，后用来指称小说，意在突出小说的虚构性和想象性。西方不同语种对小说的不同称谓，一方面显示了小说发展的源流轨迹，另一方面也体现出了小说的基本内涵与特性。西方学者把小说视为叙事文学系统中的一种晚近的体裁样式，"所谓古代地中海传统中的早期叙事文学，指的就是被誉为西方文学的最初源头之一的《荷马史诗》（*Homeric Epic*）。从 18 世纪末开始到今天，西方的文学理论家经常把'史诗'看成叙事文学的开山鼻祖，继之以'罗曼史'（romance），发展到 18 和 19 世纪的长篇小说（novel）而蔚为大观，从而构成一个经由'epic—romance—novel'一脉相承的主流叙事系统"。[1] 这个说法将小说与其源头即史诗相连接，凸显了小说的叙事特性。而另一些研究者则进一步指出小说的叙事具有虚构性，如 17 世纪的法国神父于埃将小说定义为"虚假的爱情故事的总体，用散文体写就的艺术，其目的在于娱乐和教育读者"。[2] 这个定义除了从文体形式和目的作用上阐明小说的特点外，更强调了小说的虚构性质。虚构作为小说的又一个重要特征，也有它的历史渊源："想象的冒险，不真实的人物，虚构的情节：小说的语言始终处在一

---

①关秀丽. 文学理论与文学创作研究［M］. 北京：现代出版社，2019.
②关秀丽. 文学理论与文学创作研究［M］. 北京：现代出版社，2019.

种不真实中，它和神话、传说以及史诗一样都具有象征性的空间。"从这个意义上可以说，叙事与虚构，或者说虚构性的叙事，是小说最基本的特性。

（一）小说的叙事特点

叙事就是讲故事，是小说的本质特性之一。它是一个运用某种话语、按照一定的顺序讲述系列事件的过程。叙事的特征在于展示连续发展的、趋向一个有结局意义的系列事件，这些事件是按照一定的原则和顺序排列起来的。叙事原则可以概括为两条：接续与转换。接续是指把事件与事件的连续建立在某种因果关系之上，使一个事件引发和推进另一个事件。转换则是指由于事件之间的内在冲突关系导致了事态变化，比如人物所处的情景由好变坏，主人公从出走到归家等。叙事顺序是指叙事要按照一定的秩序来建立事件之间的联系或关系，其不仅具有安排叙事脉络的形式作用，更重要的是通过对叙事关系的建立，赋予事件新的意义。

从叙事的历史来看，史诗、浪漫故事即罗曼史，与小说构成了一个完整的叙事体系，但是就叙事发展而言，小说叙事与史诗或浪漫故事的叙事传统又有明显不同。与史诗相比，小说叙事的对象由崇高的英雄世界转向平凡的个人世界，普通人取代具有传奇经历的英雄而成为叙事的主要对象，小说成为通过个体的人透视总体意义上的人的特殊叙事领域。

总之，从叙事层面上看，小说具有运用叙事话语相对完整地展示普通人物生活的特性，从而使小说明显地不同于其他文学体裁。

（二）叙事与虚构

虚构不等于虚假，文学艺术的虚构处于真实与虚假之间。小说叙述的事件在现实生活中并未实际发生，如果硬要用真实性去要求小说叙事，小说就变成了历史。

但是从另一方面看，小说叙述又并非和真实生活全然无关，真实生活构成了小说家和读者的经验世界，而小说的虚构则需要依赖经验世界，虚构是对经验世界的改造与变形；或者说，小说的虚构是在经验世界之上的改造与变形，是经验世界被作家心灵折射之后的结果。可以说，强调小说的虚构性，目的不只是显示它与真实的界限，更重要的是说明小说叙事的可能性与自由性，强调小说对于可能世界的构建与描绘。小说叙事与历史叙事的根本不同在于：历史叙事依据真实事件，处理的是已知材料，面对的是"事已如此"的现实；小说虚构性叙事的目的则不在于说明已知，而是发现未知，它能够带领人们进入可能的世界。小说叙事因其虚构特性而插上了想象的翅膀，可以自由地描绘与表达，翱翔于可能世界之中。这就是小说虚构叙事的意义，也是小说叙事的一个本质性的特征。

综上所述，可以对小说做如下界定：小说是用散文形式写成的、有一定长度的、虚构的叙事文体。

二、故事和人物

小说是一种虚构的叙事作品，这个界定不仅说明了小说叙述的故事并非现实生活中的事件，也强调了运用一定的叙事技巧讲述故事对于小说的重要性。"讲故事"在人类文化活动中的地位和意义得到了越来越多的理论家的关注与强调，甚至产生了这样一个关于人的定义："人是会讲故事的动物。"因此，小说叙事被定义为：作者通过讲故事的方式，把人生经验的本质和意义传示给他人。故事构成了小说叙事内容的基本成分。

（一）小说与故事的区别

不可否认，小说的故事确实很重要，即使在现代小说中，故事依然是决定小说可读性的重要因素。但是，如果注意到故事往往是"按时间顺序排列的事情"，那么，小说又确实不等于故事，因为故事只能告诉我们一件事情之后接下去会发生的事，并不关注事情之间的因果关系。从小说发展的历史来看，故事是现代小说形成之前的一种叙事形态，所以不是所有一切通称为小说的十分复杂的文学有机体所共有的最高因素。现代小说理论强调小说和故事的区别，是为了突出叙事技巧，即讲述故事的方式在小说构成上的作用。小说就是"讲故事"的意思是，小说对故事的叙述实际上是通过情节展开的，情节也是叙述事情，但是与故事不同，情节叙述的重点在因果关系上。

（二）人物与情节的关系

传统小说理论强调小说叙事和三个基本要素有关，即人物、情节和环境；讨论这三个要素及其相互之间的关系，构成了传统小说理论的主要内容。

在小说中，人物和情节构成了一种互动关系，人物性格通过一系列事件得以显现，故事情节则表现为人物连续活动的序列。也就是说，人物塑造离不开情节，情节的展开也不能没有人物。但是，如何确定情节和人物在小说叙事中的地位和作用，文论史上却有着不同的看法。

根据性格塑造与故事情节的关系，可以区分出两类人物观。一类是功能性的人物观，另一类是心理性的人物观。功能性人物观认为人物的意义体现在人物在情节中的作用，而心理性人物观则认为人物的心理或性格具有独立存在的意义；功能性人物观认为人物应绝对从属于情节，而心理性人物观则把人物视为小说的首要因素，文本中的一切都为揭示或塑造人物性格而存在。

三、现代叙事理论

如果说人物、情节等内容要素是传统小说理论关注的焦点的话，那么现代叙事理论讨论的重点则在小说的叙事方式上。也就是说，叙事理论讨论的重点不是叙事作品的内容和目的，即"叙事作品说了什么"，而是叙事作品的组织形式和表现方式，即"叙事作品是如何说的"。西方叙事理论在20世纪随着俄国形式主义和法国结构主义文学理论迅速发展起来，最终形成对现代小说研究影响深远的叙事学。叙事学研究将小说视为一个独立于各种外在因素的客体，根据一定的模式，用定量的方法来确定小说内部各种成分及其之间的关联，主人公、叙述者、叙述方式、叙述行为等叙事构成要素是叙事学的主要研究课题。这些问题在不同的研究者那里受到不同程度的关注和论述，各种叙事理论之间并没有形成统一的术语和理论。但是，叙事学研究一般都涉及三个基本层面：故事层面、叙述层面和文本层面。故事层面呈现为前后有序的事件，是作为文本的叙述内容而存在的，其关键问题是小说的表层结构与深层结构的关系；叙述层面指文本的创造性叙述过程和叙述行为，涉及作者、叙述者、人物、读者之间的关系以及叙述者的分类问题；文本层面是叙述行为的物质化结果，主要讨论叙述时间、叙述视点、叙述距离等问题。

（一）小说的表层结构与深层结构

在故事层面上，叙事学理论的关注焦点是小说的表层结构与深层结构的关系。"表层结构""深层结构"原本是语言学概念，出自美国哲学家诺姆·乔姆斯基的"转换生成语法"，这种语法通过确定几条深层结构规则和一套把深层结构变为表层结构的转换规则，使有限的语法规则能够转变为无限的语句表述。表层结构指这些句子本身的组织形式，作为规则的深层结构则隐含于句子内部。与之相对应，叙事学把小说的深层结构视为从文本中抽象出来的故事的各种成分之间的静态逻辑关系，其构成了小说的叙事语法，是一种抽象潜在的叙述结构；小说的深层结构体现了作者对世界的认知倾向。而故事的表层结构则是指实现叙述深层结构的特殊方式，即通过转换行为，从数量有限的基本结构中生成各种故事变体；表层结构体现了叙事者按照一定的时序原则和因果原则对故事的支配。小说表层结构的特性表现在，叙述语言的线性序列控制着读者的注意力，暗示叙述时间和事件的发展进程；语言表达的逻辑关系突出或消隐事件意义的某些部分；句法类型和语词的重复使用体现了作者的语言风格。这种研究的意义在于，从表面看来形态各异的叙事文本中可以发现相同或相似的故事结构，有助于使人理解小说的寓意、认识个体创作和文学传统的关系。

（二）作者与叙述人

叙事学理论的叙事层面关注的是叙述者及其叙述行为的问题。因为叙述人以及他的讲故事行为构成了叙事文学的内在特质，有学者从这一角度区分了西方文学的三大文类：抒情诗有叙述人但没有故事，戏剧有场面和故事而没有叙述人，只有叙事文学既有故事又有叙述人。

叙述人与作者的关系是叙事学理论研究的一个要点。以往的小说理论往往把作者与叙事者混为一谈，或者把书中的叙事人视为作者的代言人。叙事学却认为，小说中的叙述人并不是作者，而是作者创造的一个特殊角色。作者假借这个虚构的角色之口说话，不管他用第一人称还是第三人称，都是如此。

（三）叙事时间、叙事距离和叙事视角

叙事学理论在文本层面主要讨论叙事时间、叙事视角、叙事距离等问题。

叙事时间涉及文本时间与故事时间的关系。在叙事话语中，时间是一个基本因素；叙述赋予故事的时间即所谓的文本时间或叙述时间，显然不同于故事本身的时间。因此，如何处理叙述时间与故事时间的关系就成为一项叙事技巧，直接影响着文本意义的构成。在很多叙事虚构作品中，时间不仅仅是反复出现的主题，还是故事与文本的组成部分。言语叙述的独特性在于，时间在其中是由再现工具（语言）和再现对象（故事事件）同时构成的。因此，在叙事虚构作品中，时间可以被界说为故事和文本之间的年月次序关系。

（四）复调小说理论

苏联文艺学家、文艺理论家米哈伊尔·巴赫金的复调小说理论从另一个角度探讨了叙事问题。巴赫金指出："长篇小说作为一个整体，是一个多语体、杂语类和多声部的现象。"这种文体可以容纳多种多样的话语类型，而不同的话语形式反映了不同的社会声音，体现了观察世界的不同视角，且基本上被人物化了，成为人物的语言和思想。所以，"小说里在语言和文意上具有一定独立性、具有自己视角的那些主人公，他们的话语是

用他人语言讲出的他人话语"，各种人物都有自己的思想和意志，作者则和他们"保持着远近不同的距离"，[①] 从而形成平等对话的关系。

第五节　剧　本

一、戏剧艺术与剧本

戏剧是一种源远流长的艺术样式，它由演员扮演剧中人物，运用对话和动作表现情节，展开叙事。作为在舞台上完成的表演艺术，戏剧是文学、音乐、美术、舞蹈等多种艺术形式的综合体。早期的戏剧并没有剧本或只有简单的演出大纲，演员根据剧情的需要进行即兴表演，包括自编台词。剧本作为舞台演出的文学依据或记录，是随着戏剧艺术和其他文学样式的发展而逐步成熟起来的。欧洲早在古希腊就出现了悲剧作家埃斯库罗斯、欧里庇得斯、索福克勒斯和喜剧作家阿里斯托芬的著名剧作。中国的古典戏曲创作则成熟较晚，到元代才得到充分发展，出现了关汉卿、王实甫等的著名剧作，如《窦娥冤》《西厢记》等。在新文学发展的过程中，伴随着话剧的引进和文学观念的更新，剧本作为一种重要的文学样式的地位逐步确立，20 世纪 30 年代出版的《中国新文学大系》将剧本与小说、诗歌、散文等分别结集就是一个明证。

剧本是为戏剧表演提供的文学脚本，还有舞台演出的记录，所以也被称为台本。人们虽然可以通过阅读欣赏文学剧本，但只有具备了戏剧艺术的基本知识，以戏剧欣赏的实际经验为基础，才可能在头脑中形成关于戏剧演出的丰富想象。而且，这种阅读欣赏通常也不可能达到观看实际表演的效果，因为戏剧表演给予观众的审美感受是多方面的，这是仅从文学层

---

①田梦林. 巴赫金复调小说理论研究 [J]. 名作欣赏：评论版（中旬），2018 (9)：163—164.

面上阅读剧本难以企及的。导演与演员在实现戏剧功能上的作用也不可忽视。例如，从中国的古典戏曲来看，演员表演的作用甚至会超过剧情和剧本的作用。100 多年来，导演在西方戏剧艺术的发展过程中产生了特别重要的影响，这种情况同样见于今天的中国话剧。剧本融入了导演和演员的创造，因此往往和剧作家最初创作的剧本有一定的差异。从这个意义上讲，可以把剧本视为一种带有中介性的文学样式，它像是一件半成品，还有待导演和演员的二度创造。

戏剧表演是在舞台上进行的，有很大的时空限制。舞台是一个有限的、固定的空间，场景不可能像电影那样自由地转换，这就给表演的时空转换造成了极大的限制，进而限制了表演的对象和方式。所以，剧本写作必须考虑什么样的故事和场面才能搬上舞台；怎样才能在有限的空间内表现剧情的发展变化；不能在舞台上演出的内容如何通过对话来交代……戏剧文学的一些特点，如人物语言的对话性、情节相对集中以及强调矛盾冲突等，都源于戏剧艺术的规范。

剧本是为演出而写的，所以剧本在内容和形式上都要充分考虑舞台表演的特点，也要考虑观众的接受条件和习惯，因此对剧本写作往往有如下要求：

第一，剧本在篇幅上有一定限制。戏剧实际演出的时间一般不超过三小时，剧本要根据这个时间限制来决定长度和容量。中国传统戏曲有连台本戏，一部戏可以连续演出若干场，观众可以连续观看，剧本也相应较长。这种情况现在已经少见，现代戏剧也没有这种样式，由此形成了对剧本的长度、容量和结构的限制。

第二，出于舞台演出的需要，剧本要求人物、事件乃至场景都应相对集中。要把头绪繁杂、人物众多的小说改编成戏剧，往往只能突出其中的一条线索，删除或削弱其他线索，减少出场人物，并将场景适当集中。这样做的用意在于使观众可以在有限的时间里，因为剧情相对集中而对戏剧留下清晰和深刻的印象。老舍说："我们执笔写戏，眼睛要老看着舞台。

剧本是要放在舞台上去受考验的。"可以说道出了剧本写作的特点和要求。

第三，剧作家在创作时必须充分注意戏剧的艺术特点，注意各种不同戏剧类型的特殊性。不同类型的剧本创作既有共同性，又有差异性。

只有掌握了这一点，剧本才有可能顺利地转化为舞台形象。不同的戏剧类型在表现形式和技巧上都有自身特色，如传统的现实主义戏剧与现代派的象征主义、表现主义戏剧，在基本的表现方式、形式结构和技巧手段上都有相当大的差异，剧本写作必须考虑这些特点。同时，剧本创作还应该适应观众观看演出的接受方式和接受心理。

二、戏剧结构、戏剧冲突和戏剧情境

由于要适应舞台演出在时间和空间上的限制，剧本与小说等其他叙事文学相比，在取材和结构上更讲求集中性。

（一）"三一律"和戏剧结构

"三一律"是西方戏剧结构理论之一，是一种关于戏剧结构的规则，要求戏剧创作在时间、地点和情节三者之间保持一致性，即要求一出戏所叙述的故事发生在一天之间，地点在一个场景之内，情节服从于一个主题。从剧本结构的要求上讲，三一律突出了舞台限制，有其合理之处，曾经长期影响欧洲戏剧文学的创作。17世纪法国古典主义戏剧甚至把三一律奉为不可违反的结构原则，使其成为一种模式乃至教条。不过也应看到，三一律虽然有局限性，但情节的完整统一，地点和时间的相对集中，符合戏剧舞台的基本规定，适应戏剧欣赏的一般要求，只要不将其当作不可变更的教条，灵活运用，便仍是剧作家为取得戏剧效果时可以采用的策略。

戏剧文学有幕、场的划分，所谓的"幕"是戏剧情节发展的大段落，"场"则是戏剧情节的小段落。因此，一幕可以包括若干场。幕与幕的转换用闭幕来区分，场与场的转换通常用暗转来表示。剧本利用"场"和"幕"，既可以切割时空，又可以把许多应该交代但不适宜表演的事件、人物推到幕后，通过出场人物的叙述来表现，把戏剧情节和动作组织安排到有限的舞台空间中，使结构严密紧凑，以适应戏剧集中性的要求。

（二）戏剧冲突

作为一种依靠舞台表演来实现叙事的艺术，戏剧非常强调矛盾与冲突，由此形成了所谓的"戏剧冲突"。戏剧冲突是指表现在戏剧中的、因矛盾双方的意志对抗或内心矛盾而造成的、能够推动剧情发展的情节。戏剧冲突是戏剧艺术表现矛盾的特殊艺术形式，是戏剧性的集中体现，展示戏剧冲突也因此成为戏剧和剧本的基本特征之一。

剧本强调戏剧冲突，从根本上说是为适应戏剧舞台演出的需要，同时还要使观众兴致勃勃地看下去。

在小说中，矛盾冲突可以有一个比较缓慢的发展过程，叙事者尽可以为矛盾冲突高潮的到来做各种各样的铺垫，可是在戏剧中，舞台演出的空间和时间不允许过分铺张矛盾发生的过程，因此需要戏剧冲突具有集中性和激烈性。这说明，戏剧冲突虽然要有生活依据，但又不同于生活矛盾，只有那些具有尖锐性、激烈性并富于戏剧表演的矛盾冲突，才能构成戏剧冲突。

戏剧冲突所要求的矛盾还要有必然性，即形成戏剧冲突的根本动因在于矛盾双方内在的对立和冲突。

对戏剧冲突的内在性或意志冲突不能做过于狭隘的理解，"意志""内在"主要是强调引起戏剧冲突的矛盾性质应该是必然的、深刻的。实际上，在不同的戏剧中，戏剧冲突的表现形态可以是多种多样的。内在的意志既可以体现为一种"由内到外"的戏剧冲突，也可以体现为一种"由外到内"的冲突。"由内到外"是指引起冲突的根本原因是人物内在的矛盾，由此导致事件的发生和外在动作；"由外到内"是指引发矛盾的原因虽然是外在的事件，但是矛盾后来的发展、激化源于矛盾双方内在的不协调。

（三）戏剧情境

戏剧情境是指孕育和表现戏剧冲突的情节和境况，是由法国启蒙思想家、戏剧家德尼·狄德罗首先提出的。为倡导严肃剧即正剧，狄德罗强调人物性格的形成和矛盾冲突的发生源于人的社会处境，指出以往的喜剧把矛盾冲突仅仅归咎于性格是过于简单的做法。戏剧情境主要表现为剧中人物活动的具体时空环境、对人物产生影响的事件的具体情况和人物之间的关系。戏剧情境包含了戏剧情节构成的诸多因素，如环境、事件、人物关系的相互作用、推动人物变化的动机和行动等，所以戏剧情境构成了情节发展的重要基础。戏剧情境的作用是推动人物产生动机并导致具体行动，在此过程中也给人物性格的表现和发展提供了客观条件和直接动因。而变化中的情境又成为导致戏剧冲突爆发和发展的条件与契机。其中，体现为人物之间矛盾关系的戏剧情境是构成戏剧冲突的重要条件，不断发生的具体事件和情况则往往成为导致冲突的契机。

（四）悲剧、喜剧与正剧

根据戏剧冲突的性质和特点，可以将戏剧分为悲剧、喜剧和正剧。

悲剧泛指用文学的形式，尤其是用戏剧的形式，来表现造成主人公（主要人物）灾难性结局的严肃行为。

从戏剧冲突的角度看西方悲剧，呈现出人物性格由单纯趋向复杂，冲突由外在矛盾转向内在矛盾，主人公也由神祇、王公、贵族延伸到下层平民的发展过程。在 17 世纪盛行的古典主义之前，悲剧多取材于神话、传说、民族史诗，主人公只能是超人的神祇、王公和贵族，矛盾冲突往往生成于和国家命运、民族生活、宗教信仰相关的重大事件。随着 19 世纪批判现实主义文学的兴起，普通民众的日常生活才成为悲剧的表现对象，戏剧冲突更多地表现了普通人的日常生活和社会力量、时代变迁以及伦理道德之间的矛盾。然而，无论是哪一种悲剧，其打动人心的力量都来自悲剧主人公不甘心于命运的安排，不屈从于环境的压迫而进行的抗争和奋斗。

喜剧是以可笑性为外在表现特征的戏剧类型。它的产生比悲剧略晚，古希腊早期喜剧代表作家阿里斯托芬首创了这种戏剧形式，被誉为"喜剧之父"。喜剧以各种引人发笑的表现方式和手法，对戏剧的各个环节，包括戏剧冲突和戏剧情境的许多因素，乃至人物的语言、动作和形态等，都以反讽的方式予以夸张表现，通过人物和社会生活不同侧面的相互悖逆和乖讹，产生滑稽戏谑的效果。比较常见的喜剧是以讽刺嘲笑丑恶落后的性格、品质和社会现象来肯定美好、进步的现实或理想。喜剧也可以歌颂美好的事物，表现人生的苦难。根据描写对象和表现手法的差别以及艺术家审美态度的不同，喜剧可以分为四类：一是以社会生活中的否定性事物为对象的讽刺喜剧和幽默喜剧；二是表现社会生活的肯定性事物的抒情喜剧；三是西方现代戏剧中把人生最深层的苦难扭曲为笑的荒诞喜剧；四是通过逗乐的举动和夸张的戏谑来引人发笑的闹剧。

正剧是兼有悲剧和喜剧成分的戏剧样式，又称悲喜剧。在欧洲大陆，从古希腊到17世纪古典主义时期，悲剧和喜剧之间一直有着相当严格的界限，彼此不能混淆。古典主义坚持只有上层社会人物的生活才适合悲剧主题，下层人物只适合喜剧主题。到了18世纪，随着市民社会的发展，表现世俗生活并打破悲剧、喜剧界限的戏剧形式才开始出现，当时被称为流泪喜剧，这便是正剧的雏形。在启蒙运动时期，经过戏剧理论家狄德罗和莱辛的倡导，正剧得到了迅速发展，突破了古典主义的成规，成为一种能够表现复杂的思想感情和广阔社会生活内容的戏剧形式。法国启蒙主义戏剧家博马舍首先把这种戏剧称为正剧，对其合理性进行了有力的论证。

三、戏剧语言

戏剧兼有叙事和抒情两种因素。虽然戏剧从根本上说是一种叙事，但是作为舞台表演艺术，戏剧又不可避免地带有抒情的成分。

戏剧的叙事和抒情主要靠人物的表演来实现，人物语言是表演的基础和基本手段，所以，在戏剧文学中，人物语言特别重要。因为在舞台演出中，一般来讲，不会有叙述人语言，戏剧的叙事主要依靠人物语言。和小说中的人物语言有所不同，戏剧人物的语言在戏剧叙事和抒情中承担着多项任务：展开剧情，推进戏剧冲突，表现人物自身的性格特点，在某些情况下还需要与台下的观众形成交流。用高尔基的话说："剧中人物被创造出来，仅仅是依靠他们的台词，即纯粹的口语，而不是叙述的语言。"从这个意义上讲，剧本实际上是一种代言文体，也因此被视为最难把握的一种文学体裁。

根据戏剧的特殊要求，戏剧文学的人物语言要有动作性、个性化的特点，并且要富于潜台词。语言的个性化是指人物语言要符合人物的身份、年龄、气质、职业、经历、性格和所处的特定情境，优秀的剧作家往往通过寥寥数语就能把人物特征表现出来。

剧中人物的语言不仅要有个性化，还要有动作性。强调人物语言要能引发动作，适应表演。与生活中的语言交流不同，戏剧人物语言不仅让观众能够听，更要让观众能够看，舞台上如果出现大段无动作的台词，会破坏戏剧效果。但戏剧人物语言的外在动作又必须有内在的根据，即动作的发生与人物之间的内在冲突有关，动作性不是指没有内在冲突的激烈争吵或动作行为，而是指人物语言必须是在特定情境中，基于对环境的感受和反应来说的。剧中人物的对话如果不能作用于其他人物，不能影响人物之间的关系，使矛盾冲突发生变化，就不具备动作性。

与此相联系，剧本中的人物语言还特别要求含蓄蕴藉，富于"潜台词"意味。"潜台词"是指这样一种语言现象：有些话，戏剧人物虽然没有说出来，但是观众可以根据剧情，意会到话中有话，另有所指，还有一层潜在的意思没有直说，给观众留下意会、回味和想象的余地。戏剧人物语言要有"潜台词"，从根本上说是为了表现戏剧冲突，富于潜台词的人物语言往往会引起对方的反应，暗示某种情况会引发新的矛盾冲突。

由于戏剧演出既不能重复，又不能解释，所以除了塑造人物形象的特殊需要之外，戏剧文学的语言一般都要求尽可能通俗易懂，明朗动听，一方面便于演员"上口"，另一方面便于观众"入耳"。

剧中人物的语言不能封闭于剧情之中，仅限于人物之间的交流，还应该考虑到与观众的交流，形成更好的剧场效果。戏剧中的旁白常常就是剧中人物撇开其他人物而面向观众的表白，独白在某些时候也具有这种意义。至于剧本中的叙述人语言，即"舞台提示"，主要是关于舞台布置、幕场交接、演出动作之类的技术性的交代和提示，与戏剧对语言的特殊要求没有直接关系。

第四章　汉语言文学教学研究

第一节　当前汉语言文学教学中存在的问题及对策

一、汉语言文学教学中存在的问题

无论是哪类学科，一定或多或少存在一些问题需要去发现和解决，汉语言文学当然也不在其外。从古代的儒家经典教育到现在的新课标改革，汉语言文学随着时代的变迁，也处于不断更新中，自然也会有问题随之而来。

（一）教师的问题

首先是汉语言文学教师队伍方面的问题。教师是汉语言文学教育中的实施者，也是不可缺少的主体。汉语言文学教育的传达和讲解都需要教师来进行，因而汉语言文学教育的成功与否与教师密不可分，教师直接影响着教育质量。在当前的汉语言文学教育中，不少教师缺乏专业的汉语言文学素养，教学水平参差不齐，甚至许多教师依旧运用传统落后的教学模式和教学方法进行教学，这样就势必导致课堂的沉闷和学生的厌烦，无法提高学生学习汉语言文学的兴趣，也达不到教学的目的。

其次，部分教师的教学策略也存在不少问题，课堂上学生与教师缺乏互动与交流，学生的学习积极性不高进而导致排斥汉语言文学。汉语言文学的教育实质上是语言的教育，语言的教育实质上就是与学生交流沟通的过程，教师的滔滔不绝一味传授严重影响到学生的思维能力和独立思考能力，而学生缺乏表现的机会和互动的机会对其口语表达也会产生不利影响。

最后，教师的职业修养也不尽相同。有些教师缺乏必要的职业修养，上课不注重自己的言行举止，而学生的行为和语言很容易受教师的影响。长此以往，不仅与汉语言文学教育的目的相违背，对学生的其他方面也会造成不良影响。

（二）学生的问题

学生是学习的主体，也是教育的主要接受者，学生学习的质量和学到的知识多少直接意味着教育的成功与否。目前汉语言文学教育中存在的诸多问题，反映到学生身上则表现为学生的积极性不高、参与程度不够、对汉语言文学教育意识淡薄、文学修养不扎实。一方面是学生的参与度问题。很多学生认为汉语言文学不重要，因为容易掌握，所以导致部分学生态度不端正，这必然会导致汉语言文学的教学目标难以实现。而且汉语言文学素养在短期内难以提高，学生无法突击攻关时，就会出现一些负面情绪，导致学习效果差并恶性循环。另一方面，也有一些学生对汉语言文学缺乏兴趣，不爱阅读与写作，这就导致其汉语言文学素养贫乏，对汉语言文学教育极为不利。

（三）其他问题

就目前我国汉语言文学教育的实际情况来看，除了教师队伍和学生学习方面存在的问题，其他如社会、家庭、学校方面也存在不少值得反思的地方。

从社会方面来看，有些地方，尤其县级、乡级或是相对贫困的地方，其教育水平相对较低，除了教师队伍的缺乏外，对汉语言文学也相对不够重视，甚至有些地方政府拨款极少，对教育的投入量也极少，导致教材供给不足、教学设备不齐全、教师水平不专业等情况出现。社会对汉语言文学的重视程度，也影响到汉语言文学教育质量的优与劣。

从家庭方面来看，有些父母的汉语言文学素养不高，平时也不注重对孩子人文知识的培养，不认为汉语言文学有多重要，更偏向于具有实用性和功利性的科目。

从学校方面来看，课程体系设置、考核体制设计、教学设计和教学设备等方面也存在一些小问题。由于社会就业和需求等问题，很多高校对于汉语言文学这门专业不够重视，将课时安排得很少，有些高校甚至直接忽视这门专业，这就致使汉语言文学与实际相脱离，学生实践能力缺乏，汉语言文学的教学目的也就不成功了。

二、解决措施

（一）统一汉语言文学教学的指导思想

教育理念是广大教师在深刻领会教育工作实质的前提下产生的有关教育的基本观点以及信念。汉语言文学的四个教育理念为：提升学生的汉语言文学素养；准确把握汉语言文学教育的核心；努力提倡协作、自主以及探究的学习方法；构建开放而又充满活力的汉语言文学课程体系。对于这种指导性的纲领，广大教师必须系统而全面地学习，在准确掌握大的发展方向的基础上，以教育理念指导汉语言文学的教学工作，而并非在肤浅的学习过后，根据以往的教学经验，随意制定教学方法。

（二）制定切实可行的教学方法

汉语言文学教学的本质是以言语为核心的一种教学活动，工具性是其主要特征，符号性以及人文性是其次要特征。如今工具性显得愈来愈重要，努力培养学生以语言作为工具，有效运用到实际生活以及工作中是重要的教学目标。所以，教师的首要职责是根据汉语言文学教学的基本特征，制定科学可行的教学方法。

（三）确定理论指导实践的教学思想

许多教师的理论研究能力很强，熟悉各种教学策略，对各种理论如数家珍，发表了不少论文，然而在实践教学活动中效果并不明显，主要原因在于理论的研究与实践教学活动相互脱离，片面地对教改理念进行解读，制定的理论方案不切实际，不重视知识的实用性肯定无法获得明显的教学成效。汉语言文学教学绝不能空口白话，教学方法必须通过长期的教学实践才能形成。只有通过长期教学实践，才能找到最适宜的教学方法。汉语言文学教学的传统根基非常深厚，能够汲取的教学经验也是非常丰富的。同时，要想在新时代汉语言文学教学改革过程中不断取得新的进步，教师必须在教学实践活动过程中根据学生所反馈的情况，不断进行分析与总结。

第二节　汉语言教学中文化教学的必要性

一、语言与文化的关系

语言和社会有着密切的关系，语言随着社会的产生而产生，随着社会的发展而发展。每一种语言都是在具体、特定的社会、历史环境中产生和发展起来的，每一种语言中的形象意义都是在自己独特的历史、社会条件和民族风俗语境下形成的。与语言的发展很相似，文化也是社会发展到一定阶段的产物。各民族的文化既有共性，又有个性。共性来自人类共有一个客观的大自然，对于大局的认识基本相同，而个性则是由于各民族所处的小环境不尽相同、民族区域生态环境不同、文化积累和传播方式不同、社会和经济生活不同等，产生了各个民族文化的鲜明个性。语言与文化的关系，包含语言的文化性质和语言的文化价值两方面内容。语言的文化性质指语言本身就是一种文化现象，是文化总体的组成部分，是自成体系的特殊文化；语言的文化价值是指语言包含着丰富的文化内容，是体现和认识文化的一个信息系统。也就是说，语言与文化既是部分与整体的包含关系，又是形式与内容的制约关系。一般来说，语言属于制度文化的层次，但一切文化知识又都是靠语言来记载与传播的，即使是属于文化物质层次的现象，也只有通过语言的命名和阐释才有意义。这主要是因为语言是文化的一个组成部分，文化包括了语言。文化社会学认为，文化涉及人类生活的各个方面，任何人类社会都离不开文化，而语言只是构成文化大系统的要素之一。语言是语义结合词汇和语法的体系。词汇是语言的基础，词汇的核心是语义，而语义又是文化的一种体现。语义反映了人们对客观世界独特的认识和态度，记载了该民族历史发展过程中长期积累下来的根深蒂固的生活方式、传统习惯、思维方法。不同的语言社团各有独特看待世界的方式，形成了各自个性化的语言，这些语言为我们提供了理解该民族文化系统的线索。

语言作为文化的一部分，又是文化的镜像反射，它忠实而全面地反映出民族文化的特征。反过来，一个民族的文化必然体现在其语言的各个层面上，即语音、词汇、语法、语义和语用等。透过一个民族的语言层面，展现在眼前的乃是这个民族绚丽多彩的文化形态。瑞士作家、语言学家弗迪南·德·索绪尔在《普通语言学教程》中曾举过一个很好的例子：语言还可以被比作一张纸，思想是正面，声音是反面。其中，思想是指文化观念，声音就是表达该文化观念的语言符号。语言与文化的关系，也正是这种声音符号与文化观念的关系，它们就像纸的两面。通过分析语言的结构，可以分析阐述语言所反映的文化内容。

二、汉语教学中的语言文化因素

汉语言文化因素是与汉语教学关系最紧密的文化教学内容，包括语构文化、语义文化和语用文化。

（一）语构文化

语构文化是指词、词组、句子和话语篇章的构造所体现的文化特点，反映了民族的心理模式和思维方式。汉语结构最大的特点是重意合而不重形式，不是用严格的形态变化来体现语法关系和语义信息，而是除了遵照一定的结构规则外，只要在上下文中语义搭配合乎事理，就可以合在一起组成句子、语段。很多学者认为，这与中国人善于概括、综合，以及从整体上把握事物而疏于对局部的客观分析和逻辑推理的传统思维方式有关。这种思维方式来源于作为中国文化一部分的传统思维方式，中国传统哲学思想的主要特点之一是"天人合一"的主客体统一观，强调人与自然客体的和谐、融合，注重对客观世界通过直觉体验领悟和把握，而不是把自然和客观世界看作是要争斗的对立面，进而从事物的内里进行冷静客观的剖析。这种文化心理反映到汉语的词、词组、句子和篇章结构上，就形成了不注重形式的标志、强调语言结构内部意义关系"意合"的特点。

汉语的意合性必然带来语言结构的灵活性和简约性，在构词上体现为非常灵活的词根复合方式，两个词根只要意义上能照应或契合，就可以按一定的句法关系组成新词。如"动"和"静"这两个语素本身是单纯词，采用并列方式合在一起就成了另一个合成词"动静"。而"动"又可以和别的语素通过不同的句法关系组成"动物""动手""动心"等不同的词。汉语词类的功能也有很大的灵活性，造成大量的"兼类"现象。汉语句子主要由语义和语序来表达意义，因而词语位置有很大的灵活性。如："苹果多少钱一斤？""苹果一斤多少钱？""一斤苹果多少钱？""多少钱一斤苹果？"这几个句子语序不同，基本意思则一样。又如"三个人吃一斤饺子"与"一斤饺子三个人吃"、"衣服淋湿了"与"淋湿衣服了"等句，只要从意义上总体把握，施动者与受动者的换位并不会产生歧义或误解。

综上所述，可以看到汉语有重意合、多灵活性的结构特点，但这并不意味着汉语无规律可言。与汉语结构科学性（规则系统）同时存在的还有其深厚的人文性，或者说仅用少数语言的语法概念和理论框架无法全面地、准确地揭示出汉语结构的规律。对汉语结构的研究与教学，要充分考虑到汉语言文化背景知识的影响，找出真正能揭示汉语特点和规律的语言理论和方法。

（二）语义文化

语义文化指语言的语义系统，主要是词汇中所包含的社会文化含义，它反映了民族的心理模式和思维模式。这是语言中的文化因素最基本、最大量的表现形式，也是语言教学中文化因素教学的重点之一。语义文化常常和词汇教学结合在一起。首先是汉民族文化中特有的事物和概念体现在词汇中，而在少数民族的语言中没有对应的词语，如不加解释，学生就难以理解。中国人民大学原教授，著名语言学家、语文教育家胡明扬先生又把它分为：受特定自然地理环境制约的词汇（如"梅雨""梯田"等）；受特定物质生活条件制约的语汇（如"四合院""炕"等）；受特定社会和经济制度制约的语汇（如"科举""农转非"等）；受特定精神文化生活制约的语汇（如"虚岁""黄道吉日""红娘"等）。此外还有很多汉语中特有的俗语和典故。

（三）语用文化

语用文化指语言用于交际中的语用规则和文化规约，是由不同民族的文化特别是习俗文化所决定的。语用文化是培养语言交际能力的主要内容，是少数民族汉语教学中文化因素教学的重点。在问候与道别、道谢与道歉、敬语与谦辞、宴请与送礼等方面，少数民族与汉族的用词有很多不同，这类语用规则突出地体现了中国文化的和谐思想。

三、汉语教学中的文化教学原则

语言与文化相互依存、密不可分，是一个整体。要真正理解或研究一种文化，必须掌握作为该文化符号的语言；而要习得和运用一种目的语，必须同时学习该语言所负载的文化。对目的语的文化了解越多，越有利于语言交际能力的提高。但也不能过分强调文化教育，需要遵循以下原则：

（一）要为语言教学服务，与语言教学的阶段相适应

文化教学必须为语言教学服务，为培养语言交际能力的教学目标服务，这是本学科、本专业的性质决定的。脱离语言教学的文化，不是本学科、本专业所需要的文化教学，也远远超过了本学科、本专业所承担的任务。文化教学要为语言教学服务，就必须与语言教学的阶段相适应，文化项目的选择也不能脱离语言教学阶段，要遵循由浅入深、由近及远、由简到繁、循序渐进的原则，而且要适度，不能借题发挥、喧宾夺主，把语言课上成文化知识课。

（二）要有针对性

文化教学要针对学生在跨文化交际中出现的障碍和困难，确定应教的项目并做出解释和说明。

（三）要有代表性

中国幅员辽阔，人口众多，汉民族分布广，汉文化也呈现多元化的倾向，南北之间、城乡之间存在着文化的差别。文化教学中所介绍的汉文化应该是有代表性的主流文化。

（四）要把文化知识转化为交际能力

文化教学的目的一般是让学习者掌握有关的文化知识，而在面向学生的汉语教学中，文化教学的目的就不仅仅是让学生掌握知识，更重要的是把这些知识转化为跨文化交际中的交际能力，也就是能正确理解语言中的文化内涵，自觉遵守社会规约。这就需要在教学中进行大量的练习与实践，掌握一定的策略。

四、汉语言教学中的文化教学方法

文化因素是语言的一个组成部分，文化知识是语言所负载的，那么文

化教学的作用应该是把语言中已有的文化内涵揭示出来。文化教学的方法主要有：

（一）通过注释直接阐述文化知识

这一方法比较灵活简便，在语言学习的各个阶段都可以用。学生自己阅读，并通过注释解答疑惑，可以省去课堂上讲解的时间。

（二）将文化内容融汇到课文中去

课文本身就可以介绍某一文化习俗，学习语言的同时也就学到了文化，这是比较理想、效果较好的文化解释方法。如汉语言文学专业所学的"中华文化"课就是以文化为纲、结合语言点教学的语言材料，在教学中取得了一定的成效。

（三）通过语言实践培养交际能力

课堂中引进有关文化项目的练习，对于把文化知识转化为技能是非常必要的。但要想真正培养语言交际能力，还必须在真实的社会语言环境中进行语言实践。

学习一种语言与学习和了解这种语言所属的文化有着辩证的关系。语言是文化的象征，是文化的一种表现形式，所以要学习一种语言，当然要重视学习这种语言所属的文化。学习语言要和学习并了解文化相互作用，如果只是单纯地埋头学习语言而不重视学习和了解这种语言所属的文化，就不能有效地提高该语言水平。

第三节　语文教育与汉语言文学教育的对接性思考

一、语文教育的重要性

（一）语言是交际的工具

人类之所以区别于动物，就是因为人类会使用工具，而语言作为人类社会的一种重要工具，在人际交流中起着重要作用，良好的表达能力显得尤为重要。拥有良好的表达能力，能够准确清晰地传达想法，提升交际效率。良好的表达能力需要高质量的语文教育来培养。

（二）有助于锻炼学生的思维能力

沟通的过程就是把内心的想法通过一定的语法结构转化为外部语言，在这个过程中，人们通常是边想边说，或者是想了之后通过思维组织，最后再将想法表达出来。因此，培养学生良好的语言表达能力也能促进学生思维的敏捷性和活跃度，一个思维非常混乱的人，是不可能说出很有条理的话的。语文教师要意识到语言表达能力的重要性，并在教学中注重这方面的培养。

（三）语言可作为定向的交流工具

语言具有独特的定向表述作用，是指人们在特定的场合与特定的对象进行交谈，为了使交谈达到最佳效果，通常要注意场合和交谈对象的身份等各方面因素。什么话适合用什么言语直接表达出来，什么言语不适合直接表达，要想掌握好这个尺度，就必须拥有一定的语言表达能力。

二、以语言现象作为基础，实现语文教育与汉语言文学教育的对接

汉语言文学是语言的艺术表现，承担着传播人文精神风貌的责任，担

当着提高整个民族语言文化水平的社会职责。汉语言文学教育注重语言之于人类生存与发展的意义，关注的是对学生人文素质的培养，并不注重经济效益，更重视社会精神文明方面的培育效果。文学艺术作品有别于实用性文体，对比议论文、科普读物来说，有情感表达的独特优势，能够以情动人、以美学教育人。因此，要实现汉语言文学教育与语文教育的对接，首先必须将语言现象作为对接的基础，将文学作为语言学习的养料，实现语文教育与汉语言文学教育中对学生人文关怀的培养。语文教育与汉语言文学教育之间的共通性不仅在于文学知识的教育方面，在课堂教学、教学观念、师生关系等方面同样存在一定的联系，两者同样关注对学生人文关怀的教育，将文学教育融入学生的观念与生活。因此，为实现两者的有效对接，还需要重视对学生人文关怀的教育，给予学生必要的情感关怀。在课程教学时，注重丰富学生的情感，陶冶情操，进而提升学生的人文修养与品格。此外，在师生关系的建构方面，教师需要转变传统的教学方式，采取多元化的教学手段，可将辩论赛、讨论、游戏等形式纳入课堂教学中，活跃课堂气氛，增强课程的趣味性，促使师生建立和谐的关系。这样一来，能够从根本上调动学生的学习积极性，使学生掌握更多语文知识，完善其文学素养，促进文化的传承与发展。

三、以实践能力的提升作为探索对象，重视两者之间的应用与发展

（一）整合语文教育与汉语言文学教育综合发展的实践优势

教学活动的目的主要是为社会提供复合型人才，因此，语文教育与汉语言文学教育的最终目的便是提升学生的实践能力与综合素养，使其能够更好地迎合社会对人才的需求，两者在培养目标方面有一定的共通性。为提高其对接的有效性，首先，应开设汉语言文学教学实践课堂，为学生开展文学实践创造必要的条件，在此过程中要深化对学生实践能力的培养；其次，创设语文教育与汉语言文学教育综合发展模式，在提升学生语言表达能力的同时，提高学生专业应用方面的能力；最后，从其就业方向考

虑，重视对学生读、写、说三方面技能的培养，关注其理解能力、调研能力的提升，整合有效课程，拓宽语言教学的广度，丰富汉语言文学教育的内容。

（二）利用现代化多媒体教学技术，丰富汉语言文学及语文教育中学生的创新能力

计算机技术的迅猛发展催生了多媒体技术的普及，当前多媒体教学已广泛应用于不同高校的课堂教学之中，它在实现汉语言文学教育与语文教育有效对接方面也有一定的积极意义。在语文教育中，需要以多媒体作为媒介，收集更多汉语言文学教育的素材与内容融入语文教育中，激发学生的学习兴趣，提升学生的想象能力，增强学生在文学写作方面的兴趣，提高学生对汉语言文学的鉴赏能力，培养学生的自主学习能力。在实时多媒体教学后，能够将汉语言文学知识普及于中小学课堂中，强化对学生文学素养的培养，为其积累深厚的文学底蕴。因此，为实现语文教育与汉语言文学教育的对接，教师还需要树立开放的教学思想，善于利用最新技术，掌握现代化教学手段，激发学生的创造性，在语文教育中注入更多的汉语言文学元素，提高学习的创新性与有效性。

（三）重视课堂环节设计，开放学习资源，提高学生的语言实践能力

新课程改革标准同样表示，要在语文课程教学中重视课程环节的设计，根据教材内容选择适当的教学活动，确保教学组织形式的多元化，通过编排相关课本剧，开展语文游戏、诗文朗诵等活动，提升学生对课文内容的理解，深化其文学修养。同时，可适当组织汉语言文学作品的鉴赏活动，培养学生的人文精神与文学素养，让学生在阅读与鉴赏的过程中，感受文学作品的魅力，充分发挥文学育人的作用，使学生在活动中体验到学习文学作品的乐趣，丰富其实践体验，进而提高学生的听、说、读、写能力，实现教育的有效对接。

四、以情感体验作为媒介，实现语文教育与汉语言文学教育的对接

语文教育与汉语言文学教育均蕴含着丰富的情感体验。在语文教育方面，古人最早提出意、情、行、知四者相互交融、渗透的观念，也表明了在语文课程中，情感体验是学生知识来源及学习体验的主要部分。语文课本中包含了许多文学作品，而作品中也富含各类情愫，有不同的情感纽带。因此，在语文教学中，应该重视情感体验的作用，让学生进入作者所创设的情感意境中，体会文章创作的感情，让学生在优秀的文学作品中体验到生活中的不同情绪，感受到大千世界的不同表现——真实、善良与美感。改革后的语文课程教学标准中提出文学作品的价值主要通过阅读与鉴赏过程体现，这便要求教师在语文教学过程中善于引导学生进入作品情境，注重对文学形象的把握与感知，关注作品内涵的显示，督促学生用创新思维解剖课文。汉语言文学的教学过程应该打破现实生活限制，使学生能够在更为广阔的时空范围内体验生活、感受情感。它体现了语文教学的美，能够使学生打破环境的限制，体验到实际生活中的真情实感。因此，在语文教学过程中，需要引导学生全身心地投入教学情境，丰富其情感体验，让学生真切感受到文学作品中人物的情感与心理感受，从人物表现中领会文章的中心思想，把握文章结构，以情感体验作为媒介，完成语文教育与汉语言文学教育的有效对接。

教师的人文关怀在一定程度上可以弥补远程教育的多种媒体的格局中人气不足、友情缺乏等缺憾，也可以纠正成人教育的知识化倾向，还可以激发、培养学员自主学习的积极性。文学是人学，只有当它真正进入了人的心灵，才能让人体会各种生活滋味，从而丰富情感、陶冶性情、塑造灵魂。因此，汉语言文学教师应通过营造欣赏氛围，让优美的文学作品陶冶人、塑造人，同时增加教学情趣，用多种指导形式关注学生、引导学生。如教师在电话答疑时，一接通电话，首先应该问候学生，然后在答疑过程中做到热情、耐心，语言风趣、优美，尽量赞赏学生的进步与收获，鼓励

学生不懈努力，体现出教师对学生的关心和以学生为本的高度认真负责的师德风范。构建交往互动的教学机制，以对话合作方式激发人、解放人，这样有助于建立学生的学习集体感，使他们逐渐养成互相关心、平等合作的习惯。这与中小学语文教育强调的语文教学要注重人文性和构建师生民主关系是一脉相承的，有利于语文教师向学生展示美好的一面，并自觉培养学生丰厚的人文关爱，发展其人文品格。

五、以基础知识作为前提，建构语文教育与汉语言文学教育的对接

以现代文学专题教育为例，在教学过程中，首先必须让学生明确当代文学发展的主要轨迹，整理发展的基本阶段，列举各阶段的代表性作家、作品，分析其所属流派，辨别各流派的代表特点、艺术特色，明确流派之间的联系与区别，使学生能够自主勾画出现代文学发展的主要轨迹。因此，在语文课程教学中，需要充分把握与课程相关的教学资源，在明确课程基本内容后，设计完善的框架结构，整合相关课外题材，向学生多角度、多方面地解读不同作品，设置专题开展文学作品讨论，分析同时期不同作品的文学特点，使学生能够清晰掌握教学脉络，深化其自主学习能力，助其建构新的知识结构，提高语文课程教学的新颖性与灵活性。新课程标准下的语文教学要求教师面向社会与生活，重视学生的情感体验与思想意识教学。这在一定程度上打破了传统教学中将语文课程视为工具教学的封闭特征，呈现了语文教学的开放性形式。

因此，汉语言文学教学需要从知识构建方面强化与语文教学的联系，重视两者有效性的对接，强化新时代背景下，开放教育意识与宣传理念的灌注，使学生掌握建构知识的方法，明确语文学习的特征。将学生作为课堂教学主体，注重对学生学习精神及能力的培养，激活学生在语文学习方面的欲望，使其树立终身学习的思想，进而实现语文教育与汉语言文学教育的对接。

综上所述，语文教育是帮助学生掌握交际工具的主要途径，是人们交

流的媒介，是提高学生表达水平、锻炼其思维能力的主要依托。现代语言教育与汉语言文学教育并不存在本质上的冲突，汉语言文学教育同样属于语文教育的范畴，两者均承载着传播语文知识与人文精神的神圣职责，共同目的均为向社会输送人才。因此，必须树立语文终身教育观念，以语言现象作为基础，以实践能力的提升作为探索对象，以情感体验作为媒介，以基础知识作为前提，实现两者之间的有效对接。

第四节　现代媒体对汉语言教学的影响

一、多媒体技术的特点

多媒体技术作为一个多学科、多功能的学习工具，具有以下几个特点：

（一）信息的交互性

多媒体为教师授课和学生学习提供了图文、声像并茂的学习环境，突破视觉的限制，并能够突出要点，使学生更加直观、更加生动地接收和反馈信息，产生深刻的认识，学生有更多的参与机会，学习也更为主动。

（二）信息源的丰富性

运用多媒体教学能够更客观地呈现事物的空间结构和特征，对复杂的过程可以通过多媒体展示而简化，使人们能够更加直观地感受和接收到立体的、多彩的空间结构。

（三）极大的共享性

利用多媒体教学可以有效地传输信息，达到资源共享的效果，有效地改善了媒体教学的表现力和交互性，优化了课堂教学内容、教学方法和教学过程。

二、现代媒体在远程教育中的运用

从物理性能来看，媒体大致可分为电声媒体、投影媒体、电视媒体和计算机多媒体四类，各类媒体均包含硬件和软件。而从人对媒体的感官及信息的不同流向来看，又可以将其划分为视觉媒体、听觉媒体、视听媒体和计算机多媒体四类。这两种分类实际上是交融的，远程教育的产生和发展也随着媒体的发展而形成了不同的阶段。由于现代媒体的介入和应用，远程教育也有其演变、发展的过程。

视觉媒体在传统的课堂教学中一直占有主要地位。它是最原始的，也是使用最广泛的一种传统教学媒体，直至现在仍占有重要的地位。

听觉媒体的出现推动了第一代以文字函授为主的远程教育的产生和发展，这种需要调动听觉感官系统来接收信息的媒体，在一定程度上打破了时间和空间的限制，为远程教育的产生打下了基础。这些媒体实际上又可以分为两类：一类是控制性播放媒体，如广播和收音机，它们的优点在于传播面广，而缺点是学习者难以控制，并受时间的严格限制，不利于自主性学习；另一类为自主性播放媒体，如录音机、VCD 和 DVD 等，这些媒体克服了广播的局限性，可由学习者自主控制，能将声音记录、保存，能把记录的录音反复播放、多次使用，操作简便，便于学习者模仿、记录和进行自我评价，但从教学的角度来说比较枯燥，容易导致学生注意力不集中。

视听媒体是同时利用视觉、听觉双重感官接收信息的媒体，如电影、电视、录像、VCD 和 DVD 等。视听媒体以其生动逼真、充满动感的画面效果，在教学中发挥了独特而巨大的作用。它们能够通过对事物发展变化全过程的真实再现，提供给学习者一个有意义的学习环境，从而唤起学习者的情感参与意识，调动其学习积极性。特别是电视视听媒体的出现，跨越了时空，能高速、优质、高效能地传递和再现教学信息，能将声音和图像信息传输到世界的任何地方，其速度之快、信息容量之大、质量之好，是其他传播手段难以比拟的。它的出现推动了第二代远程教育的发展，广播电视大学正是以这种媒体作为教学应运而生的。但视听媒体也有不足之处，其信息量不易控制、不易裁剪，与学生不能产生互动，在教学节目中常有无吸引力的呆板画面。

计算机多媒体是利用数字化技术，将文字、声音、图形、图像、动画和影像等各种信息媒体融合在一起的多种媒体的集成。经过计算机处理的多媒体作用于多种感官，促使信息多向交流，利用多媒体进行教学可通过多种感官刺激，使之在教学中发挥无可比拟的作用。基于计算机网络的多媒体的发展，推动了第三代远程教育的发展。计算机多媒体具有多重感官刺激、传递信息量大、易于接收、人机交互性强、操作简单等特点，可从视觉、听觉、体觉三方面来使学习者获取信息，调动学生的互动性、积极性和学习兴趣，达到最佳学习效果。从教学媒体的演变及发展来看，媒体已经由单通道媒体走向多通道媒体，媒体的功能趋于综合化，媒体的交互性增强了，信息学的影响量增大了，信息传播速度增快了，媒体资源共享性得到了加强，在更大程度上丰富了远程教育的功能。

三、现代媒体的发展对汉语言教学模式的影响

（一）现代媒体的发展对汉语言教学的推进

多媒体辅助汉语言教学的应用，可以实现文字、图画、声音、影像的有机结合，创造立体的语言环境，为学生提供逼真的教学场景，使学生能够充分利用视觉、听觉的认知，产生对汉语言学习的亲切感和兴趣，从而激发对汉语言学习的热情，也促使基于这一环境的传统教学模式乃至教师的角色都发生极大的变化。

1. 在教学方面

由于用多媒体计算机辅助教学有动态效果和非线性顺序，有时可以打破循序渐进的教学程序，灵活调整，按需取用；或分类呈现素材，或归纳整理素材，可将各设计模块运用于各个不同的教学环节中，交换使用不同的设计方案，在不同阶段突出不同重点，使教学形式灵活多样。教师可以根据学生的实际情况，设计不同的教学程序，真正做到因材施教。

2. 在学习方面

一切设计安排都是以学习者能充分理解、易于接受、激发兴趣、乐于参与为前提，能最大限度地发挥学生的主体作用，从而提高学习效率。利用计算机实现汉语言教学信息的表达和人机对话，彻底改变了传统教学中以教师为中心而忽视学生自主发展的状况。多媒体辅助语言教学的应用，让学生可以根据兴趣爱好，结合知识能力水平，选择相应的教学程序学习。如果遇到疑难问题，可以通过计算机直接查询，亦可与教师及时进行交流，尽快得到解决。学生还可以根据反馈的信息，了解自己的学习情况，分析学习中的成败得失，改进学习方法，调整学习目标。

四、多媒体技术在汉语言教学中的积极作用

（一）生动教学，激发学生对汉语言学习的兴趣

多媒体教学方法生动而形象，借助于多媒体形象生动的画面，可以把枯燥乏味的教学内容变得易于接受，从而激发学生的学习热情。

（二）增大信息量，有效扩展课时容量

多媒体教学方法省去了大量板书的时间和内容限制，让学生能够在较短时间内接收大量信息，扩大了学习范围。

（三）开阔视野，培养和提高学生的综合能力

通过对信息技术的掌握，能够引导学生多方位地开展学习，培养学生

的信息搜索、分析、处理能力，以及思维能力和信息技术素养等。

（四）提高教学效果，改善教学质量

多媒体技术的应用可以降低学生对授课教师的依赖程度，让教师的授课水平与多媒体技术的优势结合起来，以提高教学质量。

（五）为语文教学发展提供资料，为教学改革带来新的契机

传统的语文教学手段较为单一，很难给教学提供大量丰富的信息，而多媒体技术的应用给教学方式带来了更加直观、形象的效果，教师可以根据实际情况设计多媒体教案，从而使课堂教学模式丰富多变。

五、多媒体技术在汉语言文学教学中的应用局限

（一）过多地依赖多媒体技术降低了教师自身的示范作用

在教学中利用多媒体技术能够改善教学质量，但过多地依赖多媒体技术，会使教师失去主导地位。多媒体技术只能是辅助教学手段，课堂上还是要靠教师来把控全局，多媒体技术无法全部解决教学中的各种实际问题。

（二）过多地依赖多媒体技术妨碍了师生之间的知识与情感交流

教学活动本应是师生之间的一种双向沟通，但大量运用多媒体教学方法后，课堂上师生间交流的机会就会变少，课堂仍旧是机械、僵化的，最终导致课堂效率降低，教学质量较差。

六、总结

总的来说，现代媒体的发展对汉语言文学教学模式有着深远的影响，教师对多媒体课件的制作、运用及其教学效果有一个认识、观察、检验和不断完善的过程。重视对"教"与"学"过程的探索与研究，可以给师生极大的自我反思和自我调节的空间。只有在教学实践中本着求实进取的精神，才能走出一条切实可行的路来。

第五节 汉语言文学教学改革与创新研究

一、高校汉语言文学课堂的现状

目前，越来越多的高校将教学重点放在了应用型课程上，很多大学生也认为汉语是母语，只要会说、会读、会写，就算是懂得了汉语言文学，不用浪费时间和精力专门学习汉语言文学。针对目前高校汉语言文学教学的情况，应该从各个方面弥补教学缺陷，努力激发学生的学习兴趣，改变课堂的教学模式，发挥汉语言文学的魅力，让学生深刻体会到汉语言文学专业的重要性。

二、高校汉语言文学教学的创新途径

（一）高校汉语言文学教学环境的改善

要想从根本上改善高校汉语言文学教学工作的质量，做到教学模式的创新，首先要改善教学环境，努力创造出平等、信任、理解、相互尊重、和谐的课堂氛围，使得学生渐渐对汉语言文学产生兴趣，让学生从"被学习"逐渐转变为"要学习"的状态。例如，可以在课堂上经常开展一些讨论及即兴演讲等训练，既可以锻炼学生的胆量，又可以培养学生即兴发挥的能力，开拓学生的发散性思维。教师要起到以帮助及引导为主的作用，鼓励学生踊跃参与，帮助语言表达能力较差的同学大胆尝试。这种训练既可以增进师生感情，也可以促进课堂教学环境的改善，最主要的是，还可以让学生大胆讲话，培养其不怯场、不慌张的心理素质，为学生在今后的求职道路上打下口语表达的基础。

（二）培养学生的创新型思维

课堂教学模式创新最主要的是将创新思路带到课堂上来，培养学生的

创新型思维，让学生切合实际地学到对自己未来发展有意义的知识。高校课堂是一个学知识的课堂，更是一个积累本领的课堂，这种积累不仅来源于书本，更多的是来源于一种思维的形成。因此，应该培养学生的创新型思维，这种创新不单单针对简单的造句、组词之类的常规训练，而是应该从深层次的角度，让学生体会到汉语言文学的无穷魅力，从认识世界，学习文学、史学知识开始，领悟语言的神奇作用，让学生了解到语言的功能所在。它不仅仅是人与人之间交流的工具，更是体现个人素质与发挥人格魅力的工具。

（三）拓展高校汉语言文学课堂的教学环节

对于师生之间的交流来说，课堂是最直接的交流环境，创新课堂教学模式时要注意改进教学环节。过去的教学环节大多是以教师讲、学生听为主，忽略了实际训练、软件教学、多维教学、小组讨论等形式，使得学生在枯燥的教学中逐渐失去了兴趣，甚至很多学生开始厌倦这种课堂。久而久之，汉语言文学将越来越不受重视。因此，要优化课堂教学环节，改进原有的教学模式，努力让学生真正意识到学有所得的价值，让学生有拓展自己思维的空间。

（四）加强教师自身的创新型教学素质

从教师的角度来讲，教学模式的创新与教师队伍的整体素质有着很大的关系，要想全面改善汉语言文学课堂的教学模式，就要从教师教学素质的提高抓起。首先，教师的职责是教书育人，但教书并不是唯一的目的，单纯的教书模式已经无法跟上时代前进的步伐了，不能只是机械地将课本知识传授给学生，而是要勇于探索、大胆实践，要有不拘一格的思维，在沉闷的课堂中融入自己的新思想和新发现。其次，教师的经验固然重要，但是经验只能把握基本的教学大纲，而不能作为一成不变的教学目的与重点，尤其是高校教师，要由以往的经验型转变为专家型和学者型。一名教师只有当自己对所教学科、领域里的知识达到了精、通、深、博的境界，才能对教学游刃有余，才能形成自己独特的教学思想、风格和体系。

三、多元文化背景下汉语言文学专业教学改革

（一）多元文化背景下汉语言文学专业教学面临的问题与困境

多元文化间的相互渗透与影响带来了不确定性，导致汉语言文学专业教学内容难度不易把握。汉语言文学专业的教学手段和教学方法相对传统，难以满足社会需求和学生需要，主要体现为过多重视教师的引导而忽视学生的自觉，教与学之间呈现明显的不对等状态；重视知识的传授而忽视能力的培养，教学效果不尽如人意；重视教学过程的规范性而忽视学生情感的激发，直接导致学生积极性下降。

解决汉语言文学专业的现实困境的根本途径在于改革教学方式和手段，增强教学过程的实效性和长期性，真正提高学生的文化内涵和实际能力。

（二）多元文化背景下汉语言文学专业教学改革措施

在多元文化背景下，汉语言文学专业尤其承担着弘扬本土文化的历史使命，并需要统筹文化教育、专业建设和能力培养等各项功能，既要巩固学生的专业深度，又要适应社会对学生知识的需要，着力加大专业教学改革力度。

1. 优化课程体系和教学内容，兼顾知识、能力和综合素质培养

汉语言文学专业的课程体系和教学内容由于专业性和现实需要之间的矛盾而难以操作和把握，应该使基础课程具有专业深度以承载文化培养的功能，全面提升学生素质。汉语言文学专业课程体系主要包括专业和实践两个板块，二者相互交叉但分工明确，前者具有很强的延续性，后者的现实性和创新性更加明显。

专业课程包括基础课、专业课、方向课，以语言和文学课程为主体，体现专业深度和一定的研究能力，尤其体现了文化性。特别是古代汉语和

古代文学等专业课程，要有意识地激发学生对传统文化的兴趣，讲清传统文化的线索和精髓，培养学生思考问题的能力。其中一个重要内容就是传统的礼乐文化，可以借助选修课或专章的形式强调，使学生了解传统文化中的善良、孝悌、诚信、谦让、尊重等美德，作为对个人素质的提升。

实践课程包括技能、素质、活动等内容，根据社会实际需求来安排课程内容，重点在于培养学生的动手能力和应用技能，做好应用文写作、演讲与口才、礼仪训练等系列课程的落实，同时可以根据地区或用人单位的需要来设置特殊技能课程，真正提高学生的实际应用能力。

从全面实施素质教育的角度出发，进行课程体系的重组和教学内容的精选与优化，加强课程间的整合，使板块间形成互补优势，不仅有利于学生个性和特长的发挥，拓宽学生的知识面和适应能力，还能更好地体现科学性、系统性和可操作性，使课程体系中的各门课程成为有机统一的整体。

2. 改革教学方法和手段，充分调动学生的积极性和主动性

汉语言文学专业课程由于枯燥难懂，往往使学生产生厌倦情绪，在教学方法上应该围绕调动学生积极性和主动性的原则，实行教师引导、学生掌握，大力推进教学内容、教学方法、教学手段和考试方法的改革，激发学生自主性学习、研究性学习的积极性，不断提高教学质量。

课堂教学首先要树立平等的教学思想，从传统的以教师为中心向以学生为中心转变。围绕课程核心内容组织系列问题，让学生自主学习并解决相关问题，教师以对话教育和阐释引导的方式进行教学，积极开展讨论式教学、启发式教学，建立讨论课、自学课、辅导课、提高课、实践课等多种课堂模式，要求根据教学内容确定各门课程相应的教学形式。教学内容应该更加灵活多变，教学计划应有调整空间，同时可以进行适当的学习内容的分流，对学有余力或拟进一步深造的学生提高专业难度，进行一定程度的研究性学习。教学手段上要大力推进现代教育技术手段的运用，积极开展多媒体辅助教学改革研究，提高现代化教学能力和水平。多媒体的应

用不应仅限于课件的制作与应用，还应进一步利用网络实现资料共享、问题交流、作业批改、课后辅导等多种形式的师生互动，提高学生的积极性和主动性。考核方式上不再以试卷作为唯一形式，应根据学生实际情况进行全面考核。试卷考试对应基础知识，平时成绩对应综合能力，加大平时成绩比例，采取论文、作业、讨论、讲解、开卷等多种形式评定成绩。

3. 加强师资队伍和教材建设

师资队伍和教材建设是一个老生常谈的话题，但在多元文化背景下，又给汉语言文学专业教学改革赋予了新的内涵。教师要想在专业教学中渗透文化教育，必须先提升自身的文化底蕴，使学生心悦诚服地接受教导。教师还要更多地钻研新的教学方法和手段，改输入型教学为互动性、开放性、探究式教学，真正提高学生的积极性和自主性，提升教学效果并获得自我解放。由于汉语言文学专业知识本身的稳定性，教材选用也基本约定俗成，教师主要在辅助学习教材上下功夫，可以根据学校和学生的实际情况，自主编订相应的辅助教材，集知识性、文化性、趣味性于一体。

（三）多元文化背景下汉语言文学专业教学改革应注意的问题

树立学生立德成人的中心地位。学校教育要体现文化性，实质上就是培养学生成人的过程，学生要成才，首先必须成人，要有正确的人生观和价值观。传统文化的核心是德育文化，修身是个人发展的前提。汉语言文学专业作为文化教育的重要载体，不能跟风应世，应以培养学生的高尚人格和文化底蕴为目标，塑造传统文化的文人风骨和学术精神。

课堂教学围绕学生主体展开。汉语言文学专业教学改革的重点是体现学生的主体性，进而激发其积极性和主动性。课堂教学是改革的主战场，应该充分围绕学生展开，而不是传统的"满堂灌"，应给予学生明确的学习目标和任务，并设定完成任务的路径和方式，与全面考核挂钩，自主完成任务和实现目标，最终把知识转化为观察和解决问题的能力。

教师要转变观念，提升素质。学生主体地位的确立是以教师主体地位的让步为前提的，这就要求教师转变观念，不能固守自己的中心地位不放弃。如果教师不能做到有目的、有意识地调动学生的积极性，所有的教改就将流于形式。同时，多元文化和多变技术都要求教师不断提出新的问题，适应新的形势，与时俱进地提升自身素质。不明白现代教育理念、不使用现代教育手段的教师无法有效引领学生，也不能实现真正的教学改革。

汉语言文学专业作为弘扬优秀传统文化的主干专业，在多元文化的冲击下应该受到更多的保护和重视。汉语言文学也必须跟随变化的形势，改变教学方式和手段，重点在于突出专业内容的文化性，以维持自身文化载体的历史使命；加强学生的主体地位，将文化的德育功能内化为学生适应社会的实际能力；把继承传统与现实创新相结合，为汉语言文学专业的长期可持续发展提供动力，亦为中华优秀文化的伟大复兴尽到应有的责任。

四、汉语言文学专业创新课程体系建设的探索与实践

汉语言文学专业是研究汉语言文学现象和规律的专业。该专业历史悠久，具有深厚的文化底蕴，是新闻与广告、编辑与出版、播音与主持、戏剧与影视等各类文化艺术学科的重要基础。近年来，全国许多高校都对该专业进行了不同程度的改良或改革，但大都没有从根本上动摇课程体系。

（一）创新课程体系建设的基本思路

1. 汉语言文学专业培养目标的确定

培养目标是创新汉语言文学专业课程体系应该解决的首要问题。培养目标的确定是指对人才类型、层次、规格等基本问题做出阐述和规定，同时涉及人才服务、面向和评价标准等方面。根据区域高校服务于区域经济和社会发展的原则，要培养德、智、体、美全面发展，理论知识扎实，基本技能强，综合素质高，富有创新精神和国际视野，系统掌握汉语言文学专业知识，具有一定的口语表达能力、写作能力和文艺鉴赏能力，能够在中小学校从事语文教学与研究，或在机关、企事业单位从事文秘、宣传等工作的应用型人才。

2. 汉语言文学专业确定培养目标的理论依据

只有准确地把握汉语言文学专业人才的培养目标和人才培养规格，才能设计好汉语言文学专业学生的知识、能力和素质结构；只有正确把握了专业设置原则，才能更有利于汉语言文学专业教育的正确定位，做到健康、和谐地发展。目前，学生就业难已经成为一个社会问题，从根本上讲，就业难的原因并不是社会人才过剩，而是因为高校招生的计划性、专业课程设置的模式化、培养目标的专业化与就业的市场性严重脱节。所以说，认真寻找学生就业的出口，并按照学生就业出口重新设置课程体系，将成为任何一所区域高校生存的必然选择。

（二）创新课程体系建设的突出特色

1. 汉语言文学专业创新课程建设的创新性

（1）坚持"培养专业人才与职业人才相结合"的原则

人才类型通常按"二分法"分类，即学术型人才与应用型人才。目前，大部分高校汉语言文学专业的课程体系都是以专业特征为出发点的，其核心内容基本上是偏重系统化、知识化、理论化的专业学科知识体系，较少系统地考虑社会实际需要的人才素质特征及其背后的能力结构，培养出来的"专业人才"是文学学士，但目前社会急需要的是中学语文教师、机关企事业单位文秘等"职业人才"。这就使培养的人才规格与社会需求的脱节，需要坚持培养专业人才与职业人才相结合的原则，不仅让人才具备扎实的专业技能，还要让人才适应社会职业需求。

（2）坚持"一个专业，多个出口"的原则

按照传统模式培养出来的人才一般只能满足某一方面的素质要求，在中国已全面融入市场经济时代的今天，必须走出传统的象牙塔，努力培养与市场接轨、能够多方位适应市场竞争的高素质人才。按照这个目标，汉语言文学专业设置了文秘和对外汉语两个不同的培养方向。文秘方向培养的是适应市场经济和企事业单位实际需要的德、智、体、美全面发展的、具有丰富扎实的公共关系与文秘专业理论知识和较强的公关能力、写作能力、综合服务与辅助管理能力的高素质技能型人才；对外汉语方向是应经济全球化、教育国际化、文化多元化的快速发展的要求，建立的以对外汉语教学为核心、跨文化交流为辅翼的专业结构模式，培养的是具有汉语言文化和国际社会的基本知识、基本理论和现代信息处理技能，具有对外汉语教学和跨文化交际需要的广泛知识和综合素质的应用型人才。

2. 汉语言文学专业创新课程建设的实用性

（1）专业方向主干课程中加大了实践课程的比例

从近些年单位的招聘要求来看，"选才用人"观念比过去更趋于实际，大多数企事业单位根据自身的实际和所需职位对专业、学历、层次的要求招聘人才，走出"人才高消费"的误区，不再片面地追求"高学历""高层次"，而更加注重学生的实际技能。针对这种情况，汉语言文学专业在专业方向主干课程中加大了实践性课程的比例，从一般的社会实践到课程设计，再到专业实习和毕业设计，体现了全面培养学生能力的原则。实践性的课程主要有写作技能训练、文学解读与论文写作、应用文范例研读与习作、秘书应用写作、诗选及习作、词选及习作、文学创作、阅读与评论、中小学教师技能、文秘技能综合、新闻写作、速记训练、文化活动策划与管理等。

（2）专业方向主干课程中加大了应试课程的比例

汉语言文学专业按照与时俱进的时代要求，不断更新教育内容，创新课程形式，构建起以学生"出口"为导向、以素质和能力培养为重点、以与国际融合接轨为标志、以资源配置为保障的实用的、先进的新课程体系。该体系强调夯实学生的专业基础，最后一学年结合学生就业这个核心问题，灵活开出应试课程，很受学生的欢迎。如考研专业辅导、中学语文教师上岗考试、教学设计的理论与实践、公务员应试、申论、事业单位人员录用考试等课程，让学生真正成为既有理论知识，又有实际能力的人，保证学生凭借在学校掌握的知识和技能，在社会上迅速找到适合自己的坐标，快速地适应社会，更好地服务社会。

3. 汉语言文学专业创新课程建设的国际化

汉语言文学专业在创新课程建设过程中，借鉴和吸收了很多知名大学的优秀课程，主要参考了麻省理工学院、牛津大学、台湾大学、香港中文大学等相近或相关专业的课程设置方案。如台湾大学中文学系的特色是发扬中国文化，传授文学、文献学等专门知识，培养学生对于中国语言、文学、学术思想、文献资料等深厚的认知与研究能力，为以后的工作打好基础；其课程模块采取多元化设计，基础课程与进阶课程并重，重视古典，也不忽略现代，各领域皆开设多门课程，以求均衡发展；其课程模块包括本系必修课程、群组必修课程以及通识课程、选修课程等。

第五章　高校中国古代文学课程教学的多维思考

第一节　中国古代文学课程教学方法新探

一、比较式教学

比较式教学法在古代文学教学中被广泛应用，通过对比和参照，以辨析同中异与异中同，对不同作家的作品或文学现象的性质与特征进行更加全面的认识和更具理性的把握。如果使用得当、调度自如，不仅有利于学生对内容的熟练把握，也有利于增强学生分析作品的能力，让学生养成良好的学习习惯。根据实践，比较式教学法在古代文学教学中大体可分为中西方作家比较、古今作家比较两类，也可对课堂讲解中涉及的不同维度如社会环境、作家、作品、文体、文学现象、思想特征、艺术手法、审美特征等灵活自如地进行比较。这里选取几个典型方面管中窥豹。

一是作家作品之间的比较。这是古代文学教学中最常见的比较方式之一，既可选择时代相近但创作内容不同的作家进行比较，如老子和庄子的散文言说方式有哪些异同，司马相如和扬雄赋作有哪些差异，甚至李杜在人生经历、性格气质、诗歌风格方面有哪些差异；又可选择时代不同但具有相似性的作家进行比较，如建安七子和初唐四杰诗风有何不同，大李杜和小李杜有何差异，等等。比较法的优势在于能促使学生更深入地把握作家作品。

二是同类体裁（或题材）作品之间的比较。选择同类型或同一体裁的作品进行对比在古代文学教学中也很常见，如就同样描写历史人物和事件的《史记》和《汉书》进行比较；就同样写作山水诗的谢朓和谢灵运进行比较；或者选择山水诗和田园诗进行比较。以体裁和题材为标准进行比较可以横跨时代，如将南北朝的谢灵运为代表的山水诗和唐朝的以王维、孟浩然为代表的山水诗进行比较，通过艺术上的进步，看出文学史的演进与变化；或选择唐传奇和宋话本进行比较，或对表达相似情意（如思乡、恋家、批判、嘲讽等）的诗、词、曲等不同体裁进行比较。应该说，这种比较是极其自由和灵活的，需要教师多运用发散思维，并且要有通史的眼光，在教学到某一知识点时能迅速联系，以寻求比较点。

三是通过古今不同语境和社会环境的对比，寻求借鉴意义和启迪价值。如在讲解陶渊明时，就其田园诗创作的时代背景与当前工业化社会注重环保和倡导绿色生命进行比较参照；讲到《红楼梦》时，可联系五四新文学进行比较；讲到汉赋时，将赋体产生的汉代社会与注重大片效应和视觉冲击的中国当前社会进行对比；讲到明初世情小说时，与五四时代社会进行比较……这类比较是基于大学生对所处的时代极为熟悉的情况下，可使其认同所讲内容。

四是跨国界和民族进行的多元文学比较，即将中国本土的作家、作品、题材、体裁、文学现象与外国文学进行比较。如讲到《诗经》时，将其与英国诗人莎士比亚的十四行诗进行比较；讲到陶渊明诗歌时，将其与英国华兹华斯的诗歌进行比较；讲到中国四大名著时，将其与西方17—19世纪的长篇小说进行比较；等等。这种比较法有利于扩大学生视野，在一个更加宏阔的世纪文学的局面和版图中认识中国文学自身的民族特征和时代成就。

这四类比较在此课程比较法运用中最具代表性，其灵活运用需要教师在平时教学中不断增强比较意识，注意：其一，需要教师根据教学进度和内容安排设置比较话题，有的可以在课堂上引导分析，如讲到辛弃疾时，将其与苏轼进行对比；有的则可布置成作业，如魏晋南北朝山水田园诗和唐朝山水诗的比较、苏辛文风比较等，让学生课后查阅资料、独立思考后进行汇报，教师点评。总之，方式不拘一格，据课时安排和训练目的而定。其二，跨时空的不同语境和社会环境比较，不妨多进行，这对促使学生进行古为今用的借鉴训练极有帮助。其三，跨民族和国度的文学比较需要据课时而定，适当展开或布置作业，不宜在课堂过多展开。其四，教师在执教 2—3 轮过程中，可不断运用发散思维寻找比较点，逐渐完善比较选题，这有利于在教学过程中长期坚持和贯彻教学法。

二、研讨式教学

研讨式教学是高校外语系普遍采用的一种教学方法，在实践中，也被用于汉语言文学教学，近年来备受教师的青睐和学生的好评。研讨式教学形成和推广基于两大原因：一是传统由教师单向讲授、学生被动接受知识的"填鸭式"教学越发受到批判。这种"满堂灌"的教学模式不仅让教师讲得口干舌燥，吃力不讨好，学生也听得极其枯燥和乏味。这样既不利于教师教学水平的提高，也不利于学生各种能力的均衡发展和全面锻炼。此时，研讨式教学便应运而生，成为教学的"援兵"，并在使用中得到不断完善和推广，深得师生喜爱。二是研讨式教学法基于建构主义理论被广泛使用，而此理论高度重视学习者既有的知识储备和各种经验，尤其强调接受者的主观性和情景性，认为教师不单是知识的呈现者、知识权威的象征，教师更应该重视学生自己对各种现象的理解，倾听他们时下的看法，思考他们这些想法的由来，并以此为据，引导学生丰富或调整自己的解释。教学应在教师指导下以学习者为中心。[①] 可见，研讨式教学是建立在充分相信学生既有学习经验并竭力调动其兴趣、激发其潜能的基础之上

---

① 王早娟. 古代文学课堂教学模式改革探索 [J]. 民办教育研究，2010 (7)：90—92，85.

的，它有利于形成以教师为主导、以学生为主体的现代教学模式。

研讨式教学的运用目前主要有两条路径。

（一）课堂自由讨论

课堂自由讨论相对简单灵活，即任课教师在讲到某个具体知识点时，及时抛出话题，由学生各抒己见，畅所欲言。每位学生都可以充分发挥其积极性，根据个人见识和经验，从多个侧面和角度谈谈自己的看法和见解。如讲到班固时，选择话题"有人认为《汉书》和《史记》相比，黯然逊色，通过本课所学你怎么看"展开讨论；讲到《三国演义》时，选择话题"曹操形象在当前褒贬不一，你如何看"，由此引发学生对历史上真实的曹操以及文学作品中"曹操"人物形象的刻画艺术的分野和辨析。这种开放式话题必然引发学生形成两派，观点在针锋相对中迸出火花，教师在认真倾听后适当点拨和引导，或做出精辟点评与总结，远比孤立地站在讲台上灌输学界认知更有成效。学生对一个知识点的掌握、情感受到的熏陶及其价值观的形成，完全可以在讨论、争鸣和商榷中体现。这种课堂自由讨论需要注意如下三点：

首先，选择的话题最好具有争议性或开放性，如在文学史发展和当前学界探讨中有不同声音与看法的话题，比较容易激发学生的探讨欲。如王双梅指出："对问题的设置，一是要有吸引力，二是要有张力，三是要在学生借助资料能解决的实际范围内。同时，教师在平时授课或者在点评和总结时，适当地介绍学科信息、学科前沿动态及研究界的热点、难点、疑点，充分调动学生的科研兴趣，通晓科研特性，从科研中体味古代文学的魅力，激发学生自主学习、合作学习的兴趣和能力。尤其是介绍教师自己或学院教师的科研方法或成果，让学生感到古代文学研究近在眼前，并非遥不可及。当然，这更为课程论文和毕业论文的高质量打下了良好的基础。"①

其次，教师在抛出话题后，要给学生足够的思考时间并学会适当收尾，扮演主持人角色，忌讳任由学生散谈或过早抛出己见。

最后，要求任课教师在备课时做足功课，多查阅资料，以开阔的视野获得翔实的第一手资料。

(二) 查阅资料准备式研讨

查阅资料准备式研讨是一种将课下准备和课堂发言相结合的探讨方式，流程和步骤大体为：第一，任课教师全面了解所授班级学生特点，将学生分组，调动每位学生的积极性。第二，课前精心设置话题，给学生留出充足的时间查阅大量资料，通过独立思考来积极准备，同时对查阅资料的范围、途径，准备的相关要求与发言讨论的注意事项等提前交代。第三，学生课后围绕问题研读作品，搜集和查阅相关资料，形成个人读书笔记和发言提纲，并初步在小组内讨论，形成代表性意见。第四，课堂上由各小组登台阐述观点，其余同学补充或争鸣，相对自由地发表意见，必要时也可以小组为单位进行竞赛和现场表演，以活跃课堂气氛。第五，主讲教师予以总结和点评，这是讨论的升华和收官环节。

对教师而言，要注意：一是在安排和指导学生查阅资料（尤其是涉猎较广泛、种类众多）和独立思考、提炼看法、荟萃观点时，主讲教师必须适时地进行方法论指导，以提高学生的准备效率，带领学生了解科研的途径、流程和步骤，即学生的课后准备要在教师的指导下进行。二是在课堂探讨后，主讲教师必须及时引导学生进行课后巩固，如进一步完善和整理相关笔记；在网络上就未尽话题进一步搜查；将探讨中生发出的话题写成短文积极在网络上发表，学会交流和传播自己的思想观点；一个阶段后，收集学生材料和成果，以备日后之需。三是将学生准备的认真程度、课堂

①王双梅. 运用多元化的教学方法改进古代文学课程教学 [J]. 内蒙古民族大学学报，2011 (4)：182—183.

发言的积极性等纳入平时成绩考查范围。

对于研讨式教学的价值和意义，学界总结认为："讨论模式在课堂教学中的运用有力地发挥了学生自主学习、接受知识的能动性作用，使其真正成为课堂中的主角，以学生的亲力亲为促进其对知识的掌握和认识，强化其对知识的理解和运用。同时，在讨论过程中，学生对观点的表述无疑是对其在公众面前讲话能力的有效训练。讨论模式在课堂教学中的运用形成了活跃的课堂气氛，加深了学生对内容的掌握。"[①] "这种教学模式可以让学生通过自我学习、自我教育、自我提高来获取知识和强化能力。通过学生之间的交流讨论，师生之间的交流讨论甚至辩论、得出结论的模式，由教师一人讲，过渡到大家参与、大家都讲的形式中，也真正体现了教师的引导、指导作用，学生的主体能动作用。培养了学生主动思考和独立学习的能力、细致的观察能力、理论的驾驭分析能力、对古代文学学科的兴趣热情、敢于质疑的精神，拓宽阅读古代文学作品和分析文学现象的思路和角度。"[②] 可见，研讨式教学"一石三鸟"，能从根本上变革传统的"填鸭式"教学，其实施与推行皆以学生的全面发展为根本和旨归。

三、启发式教学

有学者提出，教学从某种程度上来说就是"设问"的艺术。学生思维的激发、课堂气氛的活跃以及教学活动的组织和实施，都离不开有效问题的巧妙设置。精心设问并根据课堂反馈灵活提问，是提高当前高校课堂效率的关键与基础。在学界都推崇和呼吁采用启发式教学的当下，问题恰恰成为此种教学法推行的动力和切入点。因此，以高质量的问题来启发学生展开积极思索，是古代文学乃至一切其他课程教学的突破口。

孔子曰："不愤不启，不悱不发。"即强调启发和引导对开启接受者思

---

①王早娟. 古代文学课堂教学模式改革探索 [J]. 民办教育研究，2010 (7)：90－92，85.

②王双梅. 运用多元化的教学方法改进古代文学课程教学 [J]. 内蒙古民族大学学报，2011 (4)：182－183.

维、激发其学习积极性的重要性。启发式教学能最大限度地活跃学生大脑，激发学生的专业探究欲，突出学生的主体性地位，引导学生主动学习，培养自我解决问题的能力。它"让老师提出问题，以疑导读；学生带着问题自学教材，理解、讨论老师所提出的问题；老师鼓励学生发表不同见解，并根据讨论的情况进行有针对性的讲解，准确地引导学生解决问题"。① 可见，启发式教学离不开对巧妙问题的精心设置。

对于问题主导下的启发式教学法，国内部分教师也很重视，运用得也很好。如重庆工商大学徐建芳老师在讲解名篇《苏秦始将连横》时，设计了如下四个问题：

①苏秦前后的外交策略有什么变化？他追求的终极目标是什么？从哪些言论中可以看出来？

②苏秦的形象前后有何变化？其家人对他的态度有无变化？从中可见战国时代的社会风俗是怎样的？

③本文主要采用什么手法刻画人物形象？

④语言句式上的最大特点是什么？

解决了这些问题，就能促使学生理解战国策士们突破传统的人生追求、雄辩的词锋及《战国策》的写作特色。又如她在讲《齐桓晋文之事章》时，提出了如下八个问题：

①孟子开篇所提出的政治主张是什么？他认为齐宣王会有兴趣听他讲下去吗？

②孟子认为齐宣王可以"保民而王"的依据是什么？

③有了"不忍之心"怎么就可以"保民而王"呢？

④齐宣王内心里希望采取什么样的政治策略统一天下？孟子是如何破除他这一观念的？

⑤孟子采用什么方法引起了齐宣王对"王道"的兴趣？

①姚红，崔霞. 中国古代文学课程教学方法探讨 [J]. 浙江师范大学学报（社会科学版），2011（1）：104－107.

⑥孟子"仁政"的具体措施是什么？

⑦孟子的"仁政"在现实中有无可行性？

⑧孟子在游说齐宣王的过程中主要采用了哪些论辩技巧？[1]

其问题设计的细密、角度和关联性值得借鉴。任课教师只要开动脑筋，在备课时多投入一些就可以形成问题链。

由上可见，启发式教学的关键在于对内容的熟练掌握及相关问题的设计。设问必须紧密关联，呈现出梯级性，使学生由易到难、由浅入深地思索，逐渐"柳暗花明"。但作为大学教学，其课堂问题不必过于密集，可根据具体讲授内容设置，一般以2—5个为宜。

对于启发式教学的优点，有学者认为它"改变了教师，以讲为主、以讲居先的格局，调动了学生学习的主动性，让学生横向交流，注重了对学生自学能力和积极探索精神的培养和锻炼，提高了学生运用知识的能力和水平，从而达到教学的最优化。这种教学方法不仅可以促进学生共同提高，也容易让教师有意外的收获"。[2] 这的确道出了课堂教学的精髓与真谛。

四、表演式教学

由教师口干舌燥主讲、学生被动接受的传统教学模式，在高校积极进行各种教改的当下备受诟病，其重要原因在于这种教学模式以教师为主导，而忽视了学生的独立思考能力，甚至剥夺了学生进行能力训练的机会。而表演式教学法可有效避免这种缺陷，弥补其不足。表演式教学在教学实践中的运用大体可分为如下三类。

（一）诵读法

在古代诗、乐、舞渗透融合的文化土壤中产生的古代文学，很多作品

---

①徐建芳. 关于古代文学教学的思考［J］. 邢台学院学报，2011（2）：25.

②姚红，崔霞. 中国古代文学课程教学方法探讨［J］. 浙江师范大学学报（社会科学版），2011（1）：104－107.

可入乐传唱，或具有很强的韵律美，需要通过朗诵呈现其悦耳动听的艺术魅力。朗诵、诵读是古代文学教学中很有必要、值得提倡的教学方法之一，也完全符合该学科特点。诵读法主要包含教师诵读、学生诵读、专家诵读三种基本方式。教师诵读要起到示范和引领作用，需要在熟练把握作品思想内容和感情基调的基础上，富有感染力地传达出作品的神韵，引发学生的共鸣。这对教师的普通话水平、朗诵技巧提出了较高要求，有条件的教师可发挥优势，没把握的教师则可搜集名家朗诵的视频资料在课堂上播放，也能起到很好的效果。学生要在背诵或诵读的过程中融入自己的情感体验和生命意识，对于作品的主旨内蕴的理解和审美感知力自然会得到培养。

对有兴趣和特长的学生，教师可以让他们采取吟唱的方式，把课堂带入作品的情境中去，在吟诵中体味，在抒情中浸染，让学生感受作品独特的艺术魅力。学生诵读又可根据情况分为个体诵读、分角色诵读、集体齐读等方式，目的在于促进学生对作品的深切理解和独到领悟。无论哪种方式，都要求学生在认真领会作品思想感情的基础上吟唱朗诵，使学生在参与中得到锻炼，通过体味作品的丰富内涵，加深对作品的把握，在体验中获得共鸣，从而受到艺术的熏染与陶冶。

（二）角色扮演、戏剧表演法

中国古代文学大体可分为抒情类和叙事类，前者适合于朗诵和吟唱法展开，后者则适合于现场表演，尤其是明清以后的戏剧、戏曲文学。对于部分故事性和戏剧性较强的代表作，可让学生进行组合性表演。此法可"让学生带着自己的想象、情感和创意投入具体作品的不同情境当中。由于有学生的直接参与，加上这种表演具有较强的观赏性，某种程度上也暗含了一定的竞争性，因而能大大激发学生的创新意识，学生对此关注度也较高，上课时注意力也就特别集中"。① 如在讲解王实甫《西厢记》时，分别让四名同学扮演剧中的四个主要人物——张生、莺莺、红娘、老夫人，让学生在简单装扮后现场演唱，这极大地推动了学生对作品的熟练把握和对人物角色的深切体察。此外，甚至可把部分具有表演性的戏曲作品交给指定小组，让其改编成剧本进行演出。总之，从目前来看，这种教学法将使学生的表演天赋和组织能力得到锻炼与展现，远远超出了最初的备课预期。从教学实践来看，此法受到一致欢迎，学生表现欲很强，学习积极性很高，普遍能对角色扮演法进行较到位和深刻的理解，甚至进行创造性的转换。

（三）演讲辩论法

演讲辩论教学方法是对当前大学校园里学生活动的借用和转移。演讲和辩论在高校里极其普遍，被认为是最能锻炼学生思维能力、表达能力、协调能力的综合活动之一。根据其特点，在古代文学教学中，可选择那些观念凝练、看法集中且有利于充分展开和对学生能形成多种情感教育的篇章来组织讲演。例如，在学到《左传》《史记》，或者曹丕、曹植的作品时，都涉及古人对"立言"的不懈追求，可让学生就"立言不朽"组织一次讲演。如此一来，必将极大地调动学生的积极性，锻炼其查阅资料、分析问题、提炼观点、登台讲演等各种能力，对其人格和价值观也是一次有力塑造。诸如"早期神话传说中的民族精神""诸子作品的言说方式""汉魏唐宋山水田园诗的现代价值""乐府中的人性与人情之美"等，均可作为演讲话题。辩论课的选题必须是学界有争议的命题，难易要适当。教师课前要认真备课，尽可能多地掌握对立双方的材料，并形成自己鲜明的倾向性。例如，在学完《离骚》后，就文学史上对屈原其人、其作的评析，让学生分成支持赞同和否定斥责两组展开辩论，然后由部分持中立观点的

---

①姚红，崔霞. 中国古代文学课程教学方法探讨［J］. 浙江师范大学学报（社会科学版），2011（1）：104—107.

学生分别组成评委和观众，教师或充当辩论赛主持人，或作为评委之一，充分听取学生的不同意见，最后对整场辩论赛做出评议总结。学生在课前需要认真查阅大量资料，并参与课堂，成为学习的主角，唇枪舌剑地展开论析，锻炼和提高其思维力、表达力。

五、再创造式教学

引领学生进行再创造，是调动学生学习积极性的教学方法。它要求学生在对内容做出完整理解和透彻把握后，以内容改编、体式更换和拓展性写诗填词等方式进行迁移性训练，从而激发其理解力和表达力，展现独特的创造力。此教学法通常包括两种方式。

第一，揣摩、模仿教学内容，学生进行作诗、填词、写文等练笔活动。为熟悉每一种文体的规范要求，并从中更深切地领会作家的创作成就和风格特征，教师不妨带领学生实地下水"游泳"，随堂设计场景，布置相关作业，班级交流后教师作点评，打平时成绩分。也可充分利用网络进行写作感受和心得的交流，或者彼此评析和改进。一个学期结束后，由主讲教师将班上所有仿作收集起来予以汇编，成为集体成果。这种仿写被有的学者称为"文学化表达"，"在积累、解读的基础上，教师会进一步要求学生联系自己的生活仿写古代诗歌。其目的，一是将静态的知识储存转化为动态应用，从而培养其文学化表达能力；二是发挥文学创作抒忧娱悲的宣泄功能，使诗歌创作起到释放压力和调节、平衡或转移不良情绪的作用"。① 我们认为，任课教师在这方面应以身作则，可在课堂上与学生分享自己的古典仿作，一方面拉近与学生的距离，让其不再对传统文学心存畏惧；另一方面起到模范表率作用，必将极大地推动学生掀起写作古典诗文的热潮，在长期坚持中夯实其专业功底。

第二，适当采用不同文体来改编作品。这既要求学生对作品内容相当

---

①李英然. 高校中国古代文学教学改革的思考与实践 [J]. 石家庄学院学报，2012（1）：119－123.

熟悉，也要求学生对两种体式的特征与要求极其娴熟和敏感。如以散文体来改写《孔雀东南飞》，以诗体来改写《陈情表》。此外，也有学者根据专业的不同，采取相应的再创作方法，如"引导学生用新的媒介来解读古代文学，如可以启发动画专业的学生以中国古代的神话人物故事为素材进行创作，在给影视编导专业学生授课时，则可引导学生将更多卓越的文学家的生平进行改编，从而创作出新的剧本"①，都不失为很好的教学尝试。这种再创作旨在寻找古代文学与现代媒介的近似处与吻合点，通过带领学生系统学习古代文学，激活传统资源，真正实现此门课程的"古为今用"。

无论是仿写还是改编，都需要学生熟悉作品内容，更离不开主讲教师的带头与督促。

在大众文化盛行、社会进入信息化和图像化的当代，古代文学作为一门传统学科，要想与时俱进，在 21 世纪 20 年代焕发出生机，必然离不开其在高校的传播，以及在青年群体中的接受程度。因而围绕此门课程的各方面教学情况，就尤其值得探索与关注。当然，古代文学的教学方法远不止以上粗略介绍的五种，还有待进一步结合教学实践予以总结和推广。

第二节　对中国古代文学教学的再思考

一、古代文学教学如何激发学生兴趣

在汉语言文学设置的十余门专业课中，"古代文学"居于无可撼动的龙头地位，其内容丰富、跨度大、教学时间长，作用功能在中文学科体系中无可替代。然而，在当下社会，其不被新时代大学生所青睐和热衷已是不争的事实。在"国潮"兴起的今天，如何激发学生对中国古代文学的浓

---

①康建强，郑小军. 论当代大学古代文学教学的困境与突围 [J]. 浙江传媒学院学报，2010（5）：115－118.

厚兴趣？如何以此为契机，引导学生回归对古代文学的学习？

（一）利用多媒体进行教学

20 世纪 90 年代以来，多媒体教学技术在高校蓬勃发展，普及后一时成为高校师生的"新宠"，直到现在，多媒体也是强有力的教学辅助手段。多媒体具有传统单靠"一张嘴一支粉笔"教学无可比拟的优势。课件教学运用现代多媒体手段，能给学生带来全新的视听体验，通过直观的图像画面，让学生身临其境，或者通过听觉刺激，增加学生对作品的感受力。目前，运用多媒体技术展开古代文学教学，主要体现在以下四个方面。

第一，在介绍某位作家时，在课堂上播放关于该作者的视频资料，一般 3—10 分钟不等，生动地介绍其生平事迹和作品风格，调动学生的兴趣。

第二，把作品内容转换成画面并适当配乐。如在讲到曹植时，播放关于其《七步诗》的创作过程以及《赠白马王彪》的动画版介绍。在课堂上播放时，学生沉醉在凄怆的氛围中，被深深感染和震撼。同仁徐建芳博士也曾指出："把这些古诗词转变成生动形象的画面，再配上根据诗词内容谱成的音乐，伴以声情并茂的朗诵，让学生的视、听、意等多种感觉都参与进来，在直观感性的欣赏中受到美的熏陶、心灵的震颤，对这些古诗词的爱好、理解就会容易得多。"①

第三，播放根据文学作品改编的戏剧或影视剧。古代文学中的很多经典作品已被以不同的艺术形式改编，如昆曲有《牡丹亭》《长生殿》《桃花扇》《十五贯》，京剧有《红娘》，黄梅戏有《西厢记》，电影有《花木兰》，电视剧有《红楼梦》《西游记》《水浒传》《三国演义》《聊斋志异》等。教师课余多下载和准备，课堂上适当使用，必能为课程讲授锦上添花。

第四，准备与作品密切相关的网络讲座和报告等视频资料。如讲完荀子和韩非子后，播放大型纪录片《中国古代的文化圣贤》；讲完枚乘、扬雄、班固的赋作后，播放南京大学许结老师关于赋的讲解视频；讲到唐代

---

① 徐建芳. 关于古代文学教学的思考 [J]. 邢台学院学报，2011（2）：36.

的佛学与文学关系时，播放华中师范大学邱紫华老师的佛学系列讲座。由于课时紧张，教师必须善于筛选精华部分，其余的抛砖引玉，留给学生课后自行欣赏。同时，多媒体教学要求任课教师在平时多注意收集各种教学资料以应备课之需。

在多媒体教学极其普及的今天，教师在讲授古代文学时，还应提高教学视频的档次和质量。此外，多媒体不过是一种教学手段，需要服务于教师对作品的阐发和讲解，因此，无论哪种视频资料，都必须以精简为原则，不可过多播放，挤占分析品鉴作品的时间，避免本末倒置。

（二）精心设计教学场景

情境教学法是指在教学过程中，教师有目的地引入或创设具有一定情绪色彩的、以形象为主体的生动具体的场景，以引起学生一定的态度体验，从而帮助学生理解教材，并使学生的心理机能得到发展的教学方法。中国文学抒情类作品具有一个共同点，即大多在韵律、节奏方面有很强的音乐美，便于朗诵和吟唱，且对借景抒情以及比兴手法的娴熟运用，也赋予了作品浓厚的画面感。而对于叙事文学——无论是魏晋以后的志怪小说、唐代的传奇，还是宋元的话本、明清的诸多世俗小说——都有很强的动作性和场面感，它们都特别适合采用场景模拟教学法。如《诗经》中的很多抒情短章来自劳动生活，可把教学课堂搬到校园内，让学生设计采茶、种植等场地，进行集体活动时和鸣欢唱，感受或愉悦或悲伤的氛围。对于其中表达忧伤、愤怒情感的篇章（如《硕鼠》《东山》等），可安排学生声情并茂地朗诵，把学生带入作品蕴含的情感和氛围中，获得深切的体验和共鸣；对于其中的恋情歌（如《将仲子》），可设置场景让学生现场模拟、抒发。

当然，情境的表现形式是多种多样的，如问题情境、活动情境、故事情境、竞争情境等，教师可以根据不同的教学内容设置具体的教学情境，尽量使学生受到吸引。此法的运用在于尽快把学生带入语境中并迅速进入状态，从而欣赏、理解作品。这就必然离不开教师对场景的设计、提取而后展示。学者姚红指出："教师可以结合自己的研究方向和专业特长，通过有意识地穿插历史背景、作家活动场景等生活细节及民俗风情的描述，带动学生自觉地进入文学发展的历程之中，让他们感受到古代文学作品的博大精深和深厚意蕴，方能调动积极性，活跃课堂气氛，往往会收到意想不到的良好效果。"①

（三）以小组为单位推进研讨式教学

自教师"一言堂"的传统教学方式备受诟病以来，研讨式教学法受到越来越多教师的青睐，并在尝试中显示出一定的积极效果。就目前的教学实践来看，这种教学方法要取得预期成效，把握三个方面尤为关键。

一是教师对有价值、有争议性话题的选择。研讨式教学作为"点心"和"调料"穿插于教学过程中的，是作为传统讲授法的补充和辅助。因此，教师必须精心挑选开放式话题，提前布置给各小组并督促其积极准备。如设计以下话题：

①对比后世散文，诸子散文有哪些突出特点？

②诸子对当时春秋战国时代的社会是如何批判的？各自有着怎样的角度、立场和言论？

③屈原"一跳"激起文坛千层浪，在他离世后数百年，两汉又涌现出哪些评析名家？这说明了什么？

④后人对南北朝宫体诗有诸多批判，你认为有哪些可取之处？

⑤魏晋南北朝的实用公文很多写得不错，其文学化格式有哪些？当今公文又如何？古代公文哪些方面值得今人借鉴？

二是教师必须为学生的材料准备提供方向和思路，并在讨论前进行检查和评估，以确保研讨的质量和效果。比如，在学生接到题目后，教师列出相关书目，提示思考中的相关注意事项，讨论前及时突击检查，听取学

---

①姚红，崔霞. 中国古代文学课程教学方法探讨 [J]. 浙江师范大学学报（社会科学版），2011（1）；112.

生反馈。

三是教师对课堂的驾驭和组织是确保研讨质量的关键。小组内部讨论后，意见汇总至该组代表处，由其登台展开汇报和交流。对于一些争议性较大的话题，可能在课堂上会形成不同派别，听到不同声音。这时，教师需要适当引导和控制，避免学生讨论得过于激烈。在最后的教师总结和评点环节，教师更需要在总结中升华，尤其是对于一些具有普遍意义的情况，要及时提示和强调，尽可能地上升到方法论和价值论的高度，对学生及时进行治学方法和人生观等方面的教育。

二、古代文学课程培养学生哪些能力

古代文学课程担负着弘扬传统优秀文化、宣扬古代人文精神、对当代大学生进行人格教育与价值熏陶等多重功能，其教学目标之一在于通过对文学史的系统梳理和对作品的深入学习，增强学生的人文素养，锻炼其综合能力。无论教学内容怎么安排，教学方法怎么变革，最终目的都在于学生能力的增强和素养的提高。如何以古代作家作品为载体，在课堂教学中有意识地对学生进行能力锻炼，便成为此门课程教学中的重要一环。

（一）培养学生对作品的感受与体验、品鉴与分析的能力

长期以来，古代文学承载着对"文学史"和"作品选"的讲授，这实则是两门课程的融合，不同的学校和教师有其相应的处理。当前学界的共识是应把教学重心放在作品选上，文学史可大致概括，否则就会本末倒置。而作品选的讲授重点在于培养学生的审美感受力，提高学生的作品鉴赏力。学者过常宝指出："由于多种原因，这些优美而蕴含深厚内涵的作品，其精神作用在今天已经大大减弱。它们在中学课本里被看作是'古文'，学习的内容主要是字词、章法、思想等，在教师的反复咀嚼中已经化为大大小小的知识点，作品的美学功能和精神涵养作用消失殆尽。学生自然也难以从这数量有限的、被知识化了的课本中学习古代文学的鉴赏能力。所以，大学阶段的古代文学学习的首要任务，就是要培养学生的作品

感受能力。没有对作品的深切感受，文学史就成了空中楼阁，也不会受到学生的真心喜爱。所以，在文学史学习之前培养学生对作品的感受能力至关重要，这也是作品选课程的最重要的教学目的之一。"①

首先，紧扣教材但又不拘泥于教材。当前，高校通用的是朱东润先生主编的六卷本作品选，该教材从卷帙浩繁的作品中精挑细选，具有独到的品位和眼光。然而，实际教学中需要适当补充其他相关作品作为参照辅证，或者变更教材课文顺序。比如，在讲到司马迁的《项羽本纪》篇时，引入班固《汉书》的《苏武牧羊》篇，通过作品的比照，窥见不同史学家的文学处理方式及不同史学著作的文学成就，这种讲授法不严格拘泥于课本排序，而是适当打乱后作为"专题"处理，甚至形成较受学生欢迎的"头脑风暴"教学法；再如，讲到曹丕的《燕歌行》时，需要对曹丕的文学成就、曹丕与曹植的文学风格进行对比，以及说明当时文人之间的关系，此时补充其《典论·论文》以及《与吴质书》等典范书信，从互文性角度带领学生加深对曹丕人格与情感的领悟；又如，在讲到李煜的《虞美人·春花秋月何时了》《浪淘沙·帘外雨潺潺》等篇章时，附带介绍、鉴赏其几首早期反应宫廷奢靡生活的"温软""香艳"词篇，不仅能让学生对稍前的"花间词"有进一步了解，也能让学生对李煜其人的转变、词风前后的对比有更加清楚的把握。此外，在讲到思乡、友谊、爱恋、别离、怀古、山水、田园、边塞、宫怨等不同类别的代表作时，也引证和参照文学史上的类似篇章。这既有助于学生对所讲作品进行深入把握，也可扩大学生的视野。

其次，真正进入作品内核，带领学生细读文本，从字、词、句到思想内容、艺术特色方面观照文本，既进行宏观透视，也进行微观剖析，领略作品的艺术之美。文学作品是语言的艺术，当前有些同仁虽然也在讲作品，但陷入知人论世、创作初衷、成就地位、后世影响等方面的分析，缺

①过常宝.关于古代文学作品选课程建设的几点设想［J］.中国大学教学，2011（8）：44—47.

乏直面作品本身，从字词句入手解读作品的艺术要素、审美传达、话语张力、意境空间等，因此仍然显得有些"隔"，似在作品外围"转圈圈"而没有进入"内核"，从而导致学生不知如何真正品鉴作品。教师需要把课堂的绝大部分时间都用在作品品鉴上，引领学生采用相应的理论方法深入作品内部，逐字逐句地解读。比如讲解杜甫的《登高》时，采用新批评理论对"万里悲秋常作客，百年多病独登台"以及"萧萧下""滚滚来"等内容进行逐一细读和品析，此作的艺术魅力、杜甫的创作特色以及复杂情怀也逐渐凸显出来。当然，只有名作才值得如此细读和品鉴，毕竟教学需要点面结合，以点带面，这种直面作品的品鉴，远比那种泛泛而谈的介绍、粗略大概的导读要有成效得多。经过这种训练的学生，在鉴赏作品时不至于写出浅显粗糙的"读后感"，不至于面对一篇篇鲜活、感人的作品时无处下手。

最后，紧密结合现实和当下大学生的心态，挖掘并呈现作品中的多重内涵，尤其是其中蕴含的人文精神及对当下生存的启迪。学习古代文学作品，绝不只是粗浅地体会古代风貌，而必须有一种现实关怀，即结合当下的社会语境，感知作品中体现出的人文精神，以对学生进行人生观和价值观教育。例如，要特别注意用进步作家先进的思想、高尚的人格来对学生进行精神熏陶，爱国志士屈原、陆游、岳飞、文天祥、于谦、戚继光、夏完淳、郑成功、顾炎武、林则徐、谭嗣同等人的一生，都与自己的民族和祖国命运相连，他们坚守节操，大义凛然，有着强烈的爱国忧民的思想感情。还有不为五斗米折腰的陶渊明、"鞠躬尽瘁，死而后已"的诸葛亮、"穷年忧黎元，叹息肠内热"的杜甫、"先天下之忧而忧，后天下之乐而乐"的范仲淹等，他们的思想情操和人格力量，无疑会给学生以心灵的陶冶，乃至震撼。因此，在教学中要注意将这些高尚的思想情操和人格魅力逐渐渗透到学生的内心世界里，激励他们营造健康美好的精神家园。

可以说，在文学上流芳百世、作品被选入大学教材的作家，他们的人品情操、精神追求、志向抱负、价值信念乃至处世原则等，都深深值得后人赞扬和品鉴。

(二) 培养学生查阅资料、梳理文献的能力

不少大学生表示对论文写作非常迷茫和困惑，不知道如何选题、怎样确定其学术价值、收集资料怎样避免遗漏，不知道对资料如何鉴别、取舍，之后又如何思考并提炼出提纲等。造成这种情况的重要原因在于教师有意识地让学生搜集文献和处理分析的训练非常不足。鉴于此，在古代文学教学中，教师应精心布置专题性作业，让学生独立查阅后在课堂上汇报。比如设计如下话题：

①先秦诸子对社会的批判有哪些对立面和相似性？

②先秦儒、道对言、意各有哪些论述，各持怎样的态度？你怎么看？

③《史记》对后来唐宋八大家有哪些影响？

④魏晋南北朝阶段的经典书信为何具有艺术魅力？今人写书信，可以从中借鉴些什么？

⑤玄学极盛时有哪些流派？观点分别是什么？

这些开放式的话题往往具有跨度大、思考空间充足、需多方查阅资料才能圆满解答的特点。在学生自己动手一段时间后，教师要引导他们娴熟使用中国知网、硕博论文网、读秀网等资料网站来查阅、下载资料，并在软件上做笔记、消化信息、提炼出个人观点。

(三) 培养学生活学活用的能力

无数古代作家的心声、观念、品行、追求和价值等，都蕴藏于作品之中，千百年后，读者仍能感同身受、身临其境。学习古代文学应活学活用、发扬传统，虽然时空不同，但古今中国人在爱恨情仇、生死别离等方面都有共同的境遇，以及面对人与自己、自然、社会等近似状况，息息相通，情理一也。因此，在学习古代文学作品时，要不断地激活资源，挖掘传统，古为今用，以解决当前所面临的处境和各种问题。

三、古代文学教师应具备的基本素养

古代文学课堂上，学生兴趣的激发、各种教学方法的灵活运用、教学模式的探索变革，以及学生能力的培养提高等，都离不开任课教师的主导和推动。教学古代文学需要特别的专业技能和储备积淀，而执教此课程究竟需要教师具有哪些素养呢？

其一，要想从根本上改变古代文学不被大学生重视，学生普遍丧失学习兴趣的局面，任课教师必须有大刀阔斧的改革意识和坚定不移的改革行动。教师必须高度重视课程设置的必要性和积极进行改革的迫切性，才能避免古代文学课程在 00 后大学生中陷入可有可无、鸡肋般的尴尬境地。通常一种教学模式尝试 2—3 轮后就需要及时进行总结，并与时俱进地推陈出新，总结经验教训，或尝试别的多元化教学方式，比如微格教学、研究式教学等。要想使古代文学上得生动活泼，学生积极踊跃，教师必须因材施教，知己知彼，善于在激发学习兴趣、增强其综合能力等方面多做文章，多下功夫，不断探索出适合不同班级特点同时又体现自己教学风格的路子来。在这个知识爆炸和学习方式发生革命性变化的信息时代，任何无视学生需求与特点、固步自封地以一套教学模式或某一种教学方法作为万能钥匙和课堂拐杖的教师，都将落伍于时代。

其二，任课教师必须有灵活调度各种批评方法解读鲜活作品的意识和能力，必须在理论视野、思维素养和知识储备上狠下功夫、不断更新。带领学生品读作品，增强其鉴赏能力，需要教师在课堂上多次示范。"一把钥匙开一把锁"，不同的作品有其相应的解读方式，主讲教师必须熟悉中外各种批评流派的理论与操作方法。过常宝认为："古代文学作品选课程不能停留在语言和内容理解的层次上，而将作品的意义阐释让渡给文学史。教师应针对古代文学的特殊性，注重培养学生对优美的语言和形式、精致的意象、细腻和复杂情感、不同人生境界等的感受能力，从而使学生对古代文学作品产生认同感、亲切感。同时，作品选课程还要交给学生描

述、分析作品的方法，培养学生从作品本身出发的、有真切感受的表述能力，而不是基于文学史价值或其他社会价值的分析和判断能力。在这一教学过程中，通过介绍古代作品评点和赏析的方法，并以此为契机重建古代文学的欣赏氛围，是十分有意义的。总之，作品选课要将作品欣赏能力放在教学目的的首位。"①

这就需要教师既要有扎实的批评理论功底，又要对作品有敏锐的感受能力。如前所言，只有对作品消化、吃透并竭力分析其审美特质，示范性地教给学生不同的品鉴方式和批评理论，才能切实增强学生欣赏古今作品的专业能力，提高其专业水平。

其三，教师要有极强的文言语感和扎实的国学功底，如果会写诗、填词，则能对古代诗词有更深刻的理解，在提升课堂效率的同时，也抒发了自己的志趣。

第三节　中国古代文学教学的当代视野与致用精神

一、宣扬并传承人文精神

古代文学课程学习的是大浪淘沙、披沙拣金后遗留于世的经典作品，透过一篇篇文字，现代人仍能鲜活地感受到古人的生存方式、抱负追求、审美趣味与人生境界。这对理解和接受能力极强的大学生来说，是一种极好的滋养与启迪。通过古代的诗词曲、骈赋等艺术作品，后人能透过静止的文字，洞察它的主人当年的身世遭遇、个性特征与精神风貌。可见，古代文学是承传优秀文化、宣扬人文精神的经典课程之一，是大学期间对学生进行专业训练和人文熏陶的重要课程之一。而"高等教育的任务就是要

①过常宝. 关于古代文学作品选课程建设的几点设想 [J]. 中国大学教学，2011（8）：44—47.

培养高素质的创新型人才，使学生学会怎样读书、怎样做事、怎样与人相处、怎样做人。但目前在大学教育的指导思想上，存在着较为严重的工具性和狭隘的功利教育观念，在教育内容上表现为重理工轻人文、重专业轻教养、重知识轻能力的单纯职业化倾向；在教育的效果上，容易造成受教育者人文知识的欠缺和知识结构的失衡。长此以往，将直接影响我国高等教育人才培养的质量和我国现代化建设进程"。①

古代文学课程并不是远离现实、脱离现实的，它与现实人生密切相关，蕴藏着对学生进行现代教育的大量人文精神，等待着发掘和运用。因此，在古代文学教学中，不仅要向学生传授文学知识，培养学生的人文精神，还要重视其实用价值，帮助学生实现知识向运用能力的转化。

在教学中要找到古代文学与现实社会的契合点，突出其人文学科性质，培养学生的人文精神，实现其化育功能。

中国古代文学是中国传统文化的重要组成部分，文化典籍和文学作品是华夏民族几千年思想智慧的结晶，其中包含着丰富的人文主义思想和人文精神。比如强烈的忧患意识、批判意识，大胆的叛逆精神，追求人格独立与思想自由，强调"天人合一"，强调人际关系的和谐，重视人伦亲情，肯定道德自觉，主张人格的自我修养，重视人生的价值，尊重并顺应自然等，都是中国人文主义的传统表现。

古代文学中的优秀作品是中华民族宝贵的精神产品，古代优秀作家身上的人格魅力在作品中闪耀着光彩，古人的人生态度、理想抱负、情感选择、生活智慧等都融合在文学作品之中。②

带领学生学习作家的人文精神，领略作品的人文气息，方法有以下两种：

第一，引领学生提炼、概括作家最突出的人格魅力，或者在品鉴分析

---

①江秀玲. 大学生人文素质培养与古代文学教学［J］. 陕西教育学院学报，2011（1）：70—73.

②甘松，袁晓薇. 应对挑战：对中国古代文学教学的几点思考［J］. 广西科技师范学院学报，2011（1）：98—100.

中逐步呈现出其个性气质、思想特征、情感基调等。如讲到先秦诗歌、散文发展时，分析孔子一生周游列国、痴心不悔的弘道精神，孟子贫贱不能移的大丈夫气概，墨子为民非乐的苍生情怀，老子"上善若水"的淡然处世，庄子与世无争、逍遥遨游的超脱态度，屈原忠贞不移、上下求索、绝不妥协的爱国情怀，及至两汉以下，司马迁秉笔直书的实录精神和发愤著书的抗争品格，曹操志向远大、老骥伏枥的奋斗精神，陶渊明不为五斗米折腰、追求自然洒脱的人生风貌，李白"仰天大笑出门去""天生我材必有用"的自信精神与狂狷情怀，杜甫兼济苍生、忧国忧民的担当气概……这些被鲁迅誉为"民族脊梁"的代表作家，以其独特的文学成就和个性风貌而彪炳史册，可为后世提供精神养分。教师不能只满足于讲完作品的思想内容和艺术特色，还需要有意识、有侧重地提炼、概括作家通过其作品传达出的精神、情怀、抱负、追求乃至文化品格，并感受其或丰富或激荡的心灵。如学人所言："我们应该用这种多向的、多维联系的思维方式对古代作家、作品进行全新的审视和诠释，从而激活作品的内在价值，挖掘出中国古代人文精神所倡扬的人生意义、人格修养、精神境界、气节操守、做人原则、审美追求等宝贵财富，以拉近古代作品与现实人生的距离，使学生们能够感受到古代文学对于人的心灵启迪，从而构建自己的精神家园。此外，还应该极力开拓古代文学作品的审美价值，发现其人情美、人性美、道德美、结构美、韵律美、语言美、风格美。可以让人以审美的眼光和心态来看待世界和人生，抛弃功名利禄的尘世纷扰，回归自然，找回自我，做一个行为高尚、充满智慧以及富有爱心、同情心和宽容心的人。"①

作家的人生追求和作品内涵体现出的人文精神，必将成为中华民族宝贵的精神财富，对于个人而言，可以得到熏陶、增强素质、提升素养；对于社会，它将成为不竭的文化资源。

---

①喻芳.寻找古代文学与现实人生的契合点：高校中国古代文学教学改革探索 [J].乐山师范学院学报，2011（2）：138—140.

第二，针对当代大学生的身心特点，挖掘、总结作家在面对人生具体处境时的可取态度与积极做法，从而为年轻人导航。从广义上讲，这也是对作家人文精神的一种传承，只不过更具实际指导性。当代大学生正处在社会急剧发展和转型的重要阶段，在享受物质带来的愉悦的同时，在学业、生存各方面面临着更大的压力。古代文学教学中，可以以作家的人生态度和实践作为指南，为其困境拨开迷雾，提供启迪。

比如讲到孔子，就孔子一生颠沛流离、四处碰壁、晚年回到鲁国聚徒讲学，一生不放弃宣扬儒家学说的人生经历进行总结，可为学生在遭遇挫折和不顺时如何正确面对和调试作范例；又如在讲到苏轼在朝廷受到打击和排挤、不断被贬、四处辗转的坎坷经历后，引导学生用对生活、对自然的爱化解人生的不幸，可为学生如何形成一种积极人生态度进行熏陶与教育。

中小学新课标早就提出学习远不应止于知识层面，还应上升到价值和情感维度。其实，大学教学又何尝不是如此呢？当前很多大学教师却忽略了这一点，这一点恰恰能充分发挥古代文学的"无用"之"大用"，这种讲法也恰恰是对学生最有益处、最有启发作用的。总之，在当前这个极其功利的社会背景之下，重温、反思和继承中国人文精神传统，对于唤起良知、唤起理性、唤起尊严，抵制物质异化、精神空虚、道德沦丧具有普遍意义。

二、与现实社会发生关联，与当下生活紧密结合

有学者曾指出："高校的中国古代文学教学中普遍地存在着一种弊病，注重基本知识的掌握，强调知识的框架结构，忽略对作品的直接感知，特别忽视其实用价值的开拓，从而使得中国古代文学这门课程不能适应现代社会的要求，与现实生活脱节，成为一种历史的存在。为了解决中国古代文学教学中所存在的问题，摆脱困境，我们应该积极地寻找古代文学与现实人生的物质契合点，即挖掘古代文学的实用价值，提高学生的应用技

能，促使这门历史悠久的课程焕发出生机与活力。"①

也有学者指出："当代大学生对带'古'字的课缺乏兴趣，其中一个重要原因是看不到课程本身与当下生活的关联。而我在'批判意识'的层面打通古今，使学生真切地感受到古代文论的思想和方法在今天依然有效，古代文论依然活在今天，活在当下。"②

古代文学如何和当下现实发生关联呢？其现实价值和致用精神又体现在哪些方面呢？这些都需要充分挖掘。除宣扬人文精神、引导学生进行改编等，尚有以下两个方面可以操作：

其一，寻求古代作家人生境遇、生存环境与当前人们生活、工作的相似、相通之处，既帮助学生切实理解、体察古人的创作动力与作品内涵，也帮助学生从中获得思索、启迪与借鉴。

如讲解庄子采用寓言来言说其"逍遥游"思想时，将庄子所处的战国动荡不安的时代与当下人们在物质文明高度发达后人心浮躁、陷入心理危机进行比照，在"异化"上寻找到共同点。面临的社会现实与心理压力将促使学生对庄子所处时代以及他在乱世中追求精神的自由、人格的独立有更深切的理解，也使学生对当前生存状况展开思索，课后可形成话题作文，写作思想随笔。又如讲到屈原《离骚》《天问》《涉江》《哀郢》等篇章时，可以从大学生的情感世界来观照屈原在楚国宫廷中的不幸遭遇与凄凉处境，这种将心比心的教学通过设置类型情境让学生对创作背景和诗人的体验感同身受，使学生在切入作品时不再感到隔阂与生疏。以当下近似语境来比附和观照古代作家作品，能使教学具有亲近感，获得一种当代视野。

其二，以多种学科视角观照古代作品，从不同角度进行解读，通过激活资源来阐发作品丰富而多元的内涵。

---

①喻芳. 寻找古代文学与现实人生的契合点：高校中国古代文学教学改革探索 [J]. 乐山师范学院学报，2011（2）：138—140.

②李建中. 古代文论教学的当代视野 [J]. 中国大学教学，2009（5）：52—53.

古代文学在五四之前是国学中兼采经、史、子、集的综合部分，后来随着引进西方学科分类，逐渐独立成为一门专门学科。而五四至今，学科划分越来越细密。因此，当前学习、讲解古代文学时不能将之局限于狭义的纯文学，而宜采用跨学科视野来解读作品，"横看成岭侧成峰，远近高低各不同"，研读作品采用的学科和角度不同，得出的结论和认识也往往迥异。

比如讲《聊斋志异》时，可以从女性主义的角度去分析作家的创作心态，可以用原型分析方法去解读其中的文学形象，可以用生态美学的研究方法理解作者对人和自然的异化描写，还可以从人类文化学视角去探析鬼狐意象的深层内涵。

又如从现代管理学角度品读《三国演义》，从谋略学角度品读《水浒传》，从人际关系学角度品读《西游记》等，不一而足，如能娴熟自然地运用这种教学法，使作品在解读中获得新意，自然能建立起传统与当下之间的关联。这尤其需要任课教师具有宽广的学术胸襟、开阔的教学视野，以及跨学科的知识结构，肯动脑筋肯备课。

三、锻炼学生的语言能力

古代文学担负着传承优秀文化、训练学生思维、培养学生的审美能力、宣扬人文精神等多种功能，对学生的熏陶与锻炼是多方面的，已有同仁做过部分探讨，这里仅选取"语言能力"维度稍作分析。

语言能力，包括口头表达与沟通能力、笔头写作能力。学好古代文学，大的方面来说有助于提升学生的人文素养，小的方面来讲对学生的语言能力也是一种积淀和磨砺。

（一）表达与沟通能力的提高

学生可通过古代文学作品了解和积累许多格言警句、歇后语、典故和俗语，这些都可为学生的表达能力添彩，对实际交际语言运用也有帮助，能有效地提高沟通能力。

（二）写作能力的增强

文学是语言的艺术，选入教材的作品均是经过时间考验的经典篇章，那古代文学经典如何增强学生的写作能力呢？

一是增强语感，通过积累优秀篇章中的词汇和语句，通过对作家写作技巧的揣摩和把握，提升写作能力。比如，学习庄子后，总结其寓言言说的特点与魅力；学习史传散文后，总结古人对辞格的灵活调度和娴熟运用；学习两汉赋作后，可采用铺陈手法即兴练习；学习南北朝的骈文后，借鉴其对偶句和华丽辞藻的文采之美；学习唐诗宋词后，学习古人"捻断数茎须"的一字千金精神……无论是某种文体，还是具体作家，教学中都可对突显语言之美予以重点讲解和提醒，并让学生勤于练笔。

二是在教学中以实用文体为契机，结合当下社会办公实际常用到的应用文体式要求，进行有的放矢的指导和习鉴。在古代文学教学中会涉及大量兼具文学色彩的实用文体，如书信体有司马迁的《报任安书》、诸葛亮的《出师表》；奏疏类有李密的《陈情表》、魏征的《谏太宗十思疏》；序跋类有李清照的《金石录后序》、文天祥的《指南录后序》等；其余的有陶渊明的《自祭文》、韩愈的《祭十二郎文》《柳子厚墓志铭》、柳宗元的《段太尉逸事状》、刘禹锡的《陋室铭》……这些文章具有很强的应用性，因情志双美、艺术色彩浓厚，遂成为传世经典而进入古代文学作品选。教师可从规范格式、语体运用等方面，结合当前的应用实际，让学生感受到古代文学的实用价值。

古代文学在当代大学的传播要深入人心，必须从改变教学方法入手，以当代视野观照古代文学，使其焕发新的生机；彰显古代文学的致用精神，是实现传统学科古为今用的基本出路。

第四节　中国古代文学教学中的网络资源利用与网络平台建设

一、课程教学中对网络资源的充分利用

在信息时代，网络提供了无穷的教学资源，如果利用得当，将使教师备课事半功倍，课堂组织胸有成竹，课堂教学锦上添花，课后辅导如鱼得水。然而各种网络资源泥沙俱下，需要甄别、辨析，审视选取，应避免为图省事而盲目播放过多的视频，否则必将减少必要的作品讲解时间。多媒体手段是教学辅助，而非主体。"古代文学教学要想打破目前的单一模式，就必须放开眼光，充分吸纳和利用数字信息，拓宽古代文学的教学面，丰富其接受手段，鼓励和帮助学生利用网络平台辅助专业学习，引导学生将从网上获取信息的行为与专业学习联系起来，积极借助网络实现课堂教学的延伸和深化。"[①] 教学古代文学可重点选取相关网络资源进行如下使用：

第一，利用多媒体制作醒目、简练、实用的教学课件，以醒目的符号文字呈现讲解的核心内容。一般以每节课 20 张 PPT 为宜，中间穿插适量的图片和音乐，不宜过于频繁地翻阅，否则就会由此前的"人灌"变成了"机灌"。首先，课件只是辅助手段，教师的重心应放在对作品的讲授、分析上，不能本末倒置；其次，课件不可过于花哨，让形式压倒内容，忽略讲解而只是追求图片和音乐的堆砌；最后，文字也不可过多、过密，否则会弱化讲解而"照机宣科"，教学效果适得其反。当然，古代文学课程涉及大量史料性文字，可发挥多媒体课件的容纳、直观功能。总之，利用多媒体制作课件来进行教学的优缺点并存，需要教师正确取舍。

---

①王志清，徐晓红. 媒介素养与高校古代文学教学实践 [J]. 淮海工学院学报（社会科学版），2011（2）：98—100.

第二，直观、形象地利用简短视频介绍作家。网络上有极多风格各异的作家生平资料介绍视频，这类视频不仅精准凝练地对作家的各类背景与作品风格有完整介绍，还能激起学生兴趣，使课堂教学多元化，是绝佳的教学资料。

第三，搭配音乐、图像、视频等资料讲解文章。如讲解李煜的《虞美人·春花秋月何时了》、苏轼的《水调歌头·明月几时有》和李清照的《一剪梅·红藕香残玉簟秋》时，播放由该词谱曲的现代歌曲，传统诗词在现代演绎中焕发生机，学生会倍感亲切，从音节、旋律角度对诗词原作有更进一步的把握和了解。当然，很多经典篇章在网络上都可搜集到名家朗诵或传唱的作品，教师可多方比较，选择经典版本并在课堂上随机播放，必要时可引领学生一同哼唱或朗诵。再如徐建芳博士在讲解白居易的《长恨歌》前，先给学生放映著名画家戴敦邦依据诗作绘制的系列图片，同时配乐朗诵，把学生带入深切同情主人公悲惨命运的情境和氛围之中，对作品理解得也更加真切和深刻。

利用网络多媒体技术开展教学，本质是将声音、图像、音乐、色彩、动画等组合在一起，从而形成形象逼真、情景交融的教学情境，调动学生的学习积极性。充分利用网络资源可达到三个方面的教学效果：一是使复杂的内容简单化、清晰化；二是将已知的内容新颖化、鲜明化；三是把静态的教学动态化、灵活化。①

二、课程教学网络平台的研发与建设

古代文学的教学不能一味从网上获取资料，还必须进行对网络教学平台的研发与建设，使其符合教学实际。目前，国内部分高校和科研院所已着手建设，但尚需教师与时俱进，补充新的栏目，填充新的内容。

---

① 栾为. 古代文学现代教育教学方法研究浅析 [J]. 黑龙江教育学院学报，2009（2）：183—184.

（一）为学生精选名篇

网络资料异常丰富，教师可主动筛选精华内容，再让学有余力的学生自行补充其他资料，让学习的深度和广度得到保证。

（二）研讨学术题目

研讨学术题目旨在推动学生从平时学习中积极思考，寻找话题，消除对学术的畏惧感。教师提供几个涉及学术研究的话题，让学生适当拓展和延伸。例如：

①诸子散文的共性。

②诗骚的比较。

③《诗经》中的赋、比、兴的具体体现。

④"文学"观念在先秦、两汉的变迁。

⑤屈原爱国精神与当前中华民族的复兴。

⑥陶渊明田园诗与当前全民呼吁环保。

教师需要给学生提示，不求全面和深入，只需激起兴趣，使学生围绕选题进行思考并写些随笔，培养学生从阅读和课堂中获得思考切入点的能力，逐渐善于写作。

（三）与学生共同思考提出随堂思考题

随堂思考题区别于教材中设置的问题，有三个鲜明特点：其一，不拘泥于课本和课堂，有一定的开放性和延伸性；其二，具有一定的现实关怀，多从现实角度出发，实现古今的对话；其三，题目是师生共同思考的结果。例如：

①从修辞角度来看，墨子、荀子的散文有哪些值得称道之处？

②庄子的寓言对当前人们的生存状况具有怎样的针砭功效？

③诸子散文言说方式的特点及其魅力？

④结合具体作品，分析骈体和赋体有哪些相似点和不同之处？

思考题来自学生，又促使学生思考，可极大地调动其积极性，增强其自主学习的能力。

（四）拓展资料

拓展资料能拓宽学生的阅读视野。在这些资料中，学生能了解前人的研究成果，学习其研究方法。拓展资料应包括以下两个方面的内容：

第一，围绕此作家的重要研究资料；

第二，重要研究资料的具体来源。

（五）学生习作的批改和交流

学生针对随堂精心设计的拓展性问题所递交的作业（或补充查阅的有关资料等），都可由任课教师收齐后传至网上，附上教师的辅导和点评，方便学生之间传阅浏览。此法不仅能极大地激发学生的学习积极性，锻炼其阅读、思考、写作方面的能力，也便于教师在申报教改项目时有据可凭，充实材料内容。

（六）师生双方网络交流平台的开通

便利快捷的网络交流平台可为师生提供优质对话窗口，教师可发表课程设想、研究项目、成果结论、读书心得等，甚至设置古代文学的若干小专题，随时上传拓展性资料，一方面可缩短师生之间的距离，使学生在学习过程中不断了解、亲近教师，从而热爱古代文学；另一方面可将课堂上无法解决的问题转移到课外，既可弥补课时之不足，也能通过促进学生自学来提高教学效率。

（七）常规网站课程建设的必备要素

常规网站课程建设主要包含古代文学教学的几个基本方面：任课教师简介、教学大纲、电子教案、多媒体课件、试题库、课程视频（如有条件录制）等，可参见"国家精品课程建设网站"相关栏目设置和资料准备。这些要素完备的过程也是此门课程内容进一步夯实、网络平台建设进一步规范化的过程。

　　我们处在一个依靠媒介传播知识和文化的全新时代，在执教古代文学课程的过程中，必须有开放的胸怀与宽广的视野，必须及时更新教学思维，变革教学观念，既要会"拿来"，善于积累、储备，为我所用，胸有丘壑；又要会"传播"，在教学实践活动中不断改变教学方法，将成果面向同行推广。

第六章　高校现当代文学课程教学探讨

第一节　中国现当代文学概论

一、中国现当代文学的概念和发展

（一）中国现当代文学的概念

中国现当代文学是现代文学和当代文学的结合统称。在文学界，一般都将五四运动至1949年之间出现的文学称为"现代文学"，将1949年以后的文学称为"当代文学"。从中国现代文学和当代文学的发生时间分析，它们都出现在中国社会的大变革时期，而中国社会的大变革，其本质就是一个由农业社会向工业社会，由农耕文化向工业文化转型的过程，即现代化过程。

（二）中国现当代文学的发展历程

不论是中国现代文学还是当代文学，它们的发展都经历了三个过程。首先，从中国现代文学的发展来讲，它经历了三个十年。其中，第一个十年（1917—1927）为文学革命的十年，这个时期最重要的文学社团是文学研究会和创造社，文学作家以鲁迅和郭沫若为代表；第二个十年（1928—1937.6）为革命文学时期，比较活跃的是左翼作家和自由主义作家，老舍、曹禺、巴金是这个时期的重要代表，而茅盾的《子夜》更是开创了新的文学范式，它代表的是正宗的左翼文学；第三个十年（1937.7—1949.9）为抗战时期，这个时期的文学具有鲜明的时代特点，反映的多为当时的社会风貌，杰出作家有赵树理、张爱玲、钱锺书。

二、中国现当代文学学科教学面临的困境

（一）当前社会背景对教学的影响

随着市场经济的发展，时代和科技不断变化，人们的观念和生活方式也发生着巨大的变化。这种变化一方面导致了文学的边缘化，文学已经失去了它曾经的轰动效应和地位，学生不再觉得文学和他们正在行走、正在思考的人生有任何联系；另一方面，网络和影视等"快餐文化"日益成为当代大学生最主要的文化消遣和娱乐消费形式。在这些变化的影响下，学生对文学类课程的兴趣日益减弱。武汉大学的陈国恩教授在总结学生学习现状时说："学生们对文学经典不感兴趣，很少读甚至是不读文学作品。上中国现当代文学史课不带笔记，听讲像听书，能记住一些有趣的故事情节和几点结论已经算是不错了。到交作业时，去网上下载，稍加拼接加工就可充数。期末考试借同学的笔记复印，花几天时间突击，美之名曰恶补。这类学生对文学并非出于内心喜爱，不是把阅读当作一种精神享受。没有感性的艺术体验，没有感动和愉悦。"目前，在高校中，这一类学生很具有代表性，还有一部分学生对网络文学非常着迷，而对中国现当代文学中的经典作品知之甚少。

（二）专业扩招与就业压力的影响

随着高等教育大众化，专业扩招的趋势不断加强，而与之相对应的却是就业压力增大，为了适应专业扩招，满足就业市场的要求，教学体制方面的变化是必然的。李怡教授在总结这种变化时说："包括传统的中国语言文学专业在内的中国现代文学课程都在压缩，至于与许多文学院新设置的其他专业如电影电视、播音主持、新闻传播、对外汉语等比起来，中国

现代文学课程更像是点缀了。这一局面已经极大地冲击着中国现代文学课程固有的教学程序，所谓改'中国现代文学史'为'中国现代文学'，突出经典作品的讲授，淡化冗长繁杂的历史过程等，都可以说是在这一冲击下的课程调整。"① 而这种变化最为直观的一个后果就是教学的功利化，教师和学生都重实用、重功利，轻素质、轻人文。

（三）教育观念和教学方法的僵化

近年来，高等学校中的文学类课程的教育越来越呈现出体制化和学院化的趋势，正如吴晓东教授在《我们需要怎样的文学教育》中所担忧的那样："我们往往更喜欢相信一系列本土的尤其是西方的宏大理论体系，喜欢建构一个个的知识论视野，但是文学中固有的智慧、感性、经验、个性、想象力、道德感、原创力、审美意识、生命理想、生存世界……却都可能在我们所建构的知识体系和学院化的制度中日渐丧失。于是我们的课堂上往往充斥着干燥的说教，充斥着抽干了文学感性的空洞'话语'。"② 因此，这种逐渐僵化的教育观念和方法势必影响包括现当代文学在内的文学类课程的教学效果。

三、中国现当代文学的未来发展方向

（一）注重对世界化文学模式的挖掘

从现当代文学的创作时代背景出发，在未来的发展中，中国现当代文学需要从"西方化"的观点中走出来，逐渐向"世界化"的文学模式发展。首先，文学作为一种精神文化载体，在任何时代、任何国家，都不是为了谋取利益或否定人的价值观，而应该处处反映人类的审美情趣和精神内涵。文学不仅无国界，更无阶级性，因此，在中国现当代文学的未来发

---

①刘明静，黄毅，陆青. 当代汉语言文学研究及文学鉴赏能力培养［M］. 沈阳：辽海出版社，2018.

②吴晓东. 我们需要怎样的文学教育［J］. 北京大学学报（哲学社会科学版），2003（5）：26—28.

展中，需要建立一种世界性的对话模式，只有这样，才能保持各国之间对先进文化和文学的交流，才能更好地促进我国现当代文学的良性发展。当然，在这个发展过程中，中国现当代文学研究者需要擦亮眼睛，在世界文化对话中扬长避短，保持清醒的头脑，建立一种具有创新因素和独特文化内涵的新文学精神，而不是以西方文化为动力，也不是以死板的传统文化为引力的发展模式。因为，只有创新性的新文学精神才是积极向上的，只有用整体的眼光去看待世界，中国现当代文学的发展才会又好又快。

（二）注重对民族化文学模式的挖掘

新的社会发展时期，中国现当代文学作品向民族化的方向发展并不是复古，而是回归传统的表现，这也是符合中国文学发展规律的。现如今，中国现当代文学作品的发展虽然受到西方文学的影响，但有一些作者还是比较注重从民族文化中汲取营养。以现代文学中白话诗歌的创作为例，它们多是出自民间的相关歌谣，或是对民间生活真实写照的描述，深刻地刻画了民间的生活群体，这是现当代文学作品充分体现民族化精神的表现。同时，在创作者辛勤刻画民族文化和不断深入汲取中华民间产物的过程中，我们也发现了创作者们想要弘扬中国传统文化的苦心，这对中国传统文化的大力发展是有着积极推动作用的。中国现当代文学创作必然要吸收外来文学的营养，但作品的创作必须具备中国传统特色，用民间精神和传统作为中国现当代文学的创作基石，促进中国现当代文学向更深层次发展。

（三）注重对文学人性本质特点的挖掘

从对中国现当代文学作品发展历史的探究可以发现，中国文学创作者是可以树立生命真谛的，也会按照自己的思想路线去挖掘人性的本质特点。对于现代的文学创作者而言，还需要从三个方面展开。其一，中国现当代文学作品要沁入人内心、具有穿透生命力、直达灵魂，面对这种要求，中国作家需要具备超凡脱俗的意识，在超越平庸中寻找生命的真谛，用自己独特的方式记录社会的发展进程和人生感悟。其二，中国作家需要注重对经典的重读，重温经典是为了更好地衔接新文化，并更好地传承民族文化。其三，中国现当代文学的学术空间需要继续拓展，在拓展中注重对传统旧诗词和戏曲的深入研究，从中深刻感悟传统文化的神奇生命力。当然，对社会转型期的市民文学也需重视，认真分析它的特性和效应，保持文学发展的平衡。

在中国现当代文学的发展进程中，受社会环境的影响，文学人性的本质也发生了很大的改变，在改变中既有提升，也面临着各种问题，这就导致中国现当代文学的创作遇到了很大的发展瓶颈。但是，中国作为一个历史文化悠久的文明古国，深厚的历史文化背景以及中国文学者对文学热情的存在，都给中国现当代文学的发展带来了巨大的发展潜力。在未来的发展中，中国现当代文学需要"取其精华，去其糟粕"。文学创作者们更需知道，文学的优秀与否和自身的文化积淀，以及自身对生活的感悟有关，而不是哗众取宠下的战利品。只有用心去感悟生活，用心去创作文字，这样的文学作品才是中国现当代文学的未来。

第二节　中国现当代文学与文学史料

一、文学史料对于中国现当代文学研究的重要意义

（一）学科的完善需要发掘文学史料，纠正错误观念

随着我国对文学史料的挖掘，文学研究摆脱了旧有的阐释式研究模式，开始重视对历史的本来面目进行还原。而发掘史料对于中国现当代文学研究具有重要的意义，是中国现当代文学研究开始逐渐完善与成熟的标志。如华东师范大学陈子善教授发掘张爱玲的史料，对张爱玲在绘画领域和戏剧领域的造诣有了更为深刻的了解，从而能够更全面、系统地对张爱

玲进行研究，并对她在中国现代文学史上的地位有了一个正确的认识。由此证明，挖掘史料可以对中国现当代文学这门学科进行完善。换言之，如果没有文学史料的发掘，中国现当代文学这门学科就会成为无源之水、无本之木。因此，只有重视文学史料的发掘，才能使中国现当代文学这门学科不断完善，走向系统化和规范化。

在当代文学研究的过程中难免会出现这样或那样的错误，其错误原因主要有两大方面。第一个原因是缺乏足够的文学史料进行研究，造成了一定的盲目性。如对巴金文学生涯时间的界定，之前一直认为1929年在《小说月报》上发表《灭亡》是巴金文学生涯的起点，然而在搜集和整理文学史料的过程中却发现巴金早在1922年就已经在《时事新报·文学旬刊》上开始文学创作了，这就要将巴金文学生涯的时间向前推至1922年。这对于巴金的文学研究非常重要，也充分说明了资料发掘的重要性。第二个原因是文学研究主体本身存在各种问题，对文学史料的发掘不够严谨和细致，或者由于受到政治环境的影响而无法发表。

中国当代文学研究的发展历程正是伴随着文学史料的发掘而不断地修正和完善，走向系统化和专业化的。随着文学史料的不断发掘，我国的现当代文学研究才能取得更令人信服的结论。

（二）改变当前我国现当代文学研究乏力的现状

不可否认的是，我国的现当代文学研究在很长一段时间内都存在着研究乏力的情况。很多研究者认为，经过几代学者的研究，100余年的现当代文学史已经不存在研究的空白领域，缺乏继续研究的价值，甚至一些研究者悲观地认为中国现当代文学研究已走入绝境。鉴于此，怎样给中国现当代文学研究提供新的视点和增长点就成为我国现当代文学研究者必须面对的重要问题。但在浙江师范大学召开的中国现当代文学学术生长点研讨会上，与会专家并没有对文学史料予以重视，绝大部分与会专家都认为文学史料无力改变中国现当代文学研究乏力的问题，而将目光更多地集中于文学话语的运用与引入。

　　值得思考的是，为什么会出现现当代文学研究乏力的问题，一个重要的原因是缺少文学史料。正是由于很多文学史料被湮没了，才造成了中国现当代文学研究中的很多空白点无法得到填补。研究鲁迅和周作人的专家钱理群先生通过系统地整理沦陷区的文学史料，出版了《沦陷区文学史料选》，极大地拓宽了现当代文学领域的范围，使沦陷区的文学研究水平得到了新的提高。这也充分说明发掘文学史料能推动中国现当代文学研究的进展，从而改变现当代文学研究乏力的现状。

（四）通过发掘文学史料来对研究主体的学术人格和学术品格进行完善

　　发掘文学史料对于研究主体而言具有重要的意义，能对研究主体的学术人格和学术品格进行完善。研究主体的学术人格和学术品格是辩证统一的，研究者对文学史料的态度正是学术人格和学术品格的基础。如文学史料学专家和文学研究家王瑶先生就是一个集中的体现，其《中国新文学史稿》引用了大量的文学史料，具有极高的学术水平。我国在 20 世纪 50 年代曾经涌现出大量的文学史专著，出现了一个现代文学史写作的高潮时期，但遗留下来的有价值的文学史专著并不多，只有像《中国新文学史稿》这样严谨的文学史专著迄今还对中国现当代文学研究产生着巨大的影响，成为中国现代文学领域必须参考的一本研究专著。王瑶先生的专著之所以能对一代又一代的文学研究者产生巨大的影响，是因为他在搜集和整理文学史料的过程中形成和提炼了自己高尚的学术品格和学术风格，从而使其文学研究具有了独特的意义。

　　当前中国现当代文学研究的学术环境比较浮躁，很多研究者往往片面追求数量而忽视质量，不重视自己学术人格和学术品格的培养。只有通过文学史料的发掘，不断培养自己的学术人格和学术品格，才能做出真正有价值的文学研究。

　　鉴于中国现当代文学研究的重要意义以及当前我国文学研究中存在的忽视文学史料的严重问题，建立完善的中国现当代文学史料学已迫在眉睫。只有建立完善的中国现当代文学史料学，对文学史料进行严格的整理、辨别、搜集和发掘，才能在现当代文学研究中做到尊重客观文学史料，推进现当代文学研究。只有这样，才能够进行科学化、规范化和系统化的史料管理和多渠道的史料交流。

第三节　中国现当代文学的语言品格

一、中国文学走向暗淡的原因分析

只有"对症"，方可"下药"，分析和研究当前中国文学走向暗淡的原因是对文学进行品格定位的第一步。本节将从社会变迁、文学研究、文学创作和文学教育这四个方面对当前中国文学的"尴尬"地位和暗淡原因进行分析。

（一）多样化的审美和娱乐方式削弱了文学的地位

改革开放以来，中国经济飞速发展，随之而来的便是人民生活的日益改善和休闲娱乐方式的多样化。与文学相比，手机、电脑等现代化的娱乐方式能给人带来审美和娱乐上的全方位享受，人们的休闲活动方式更加多样。绘画、电影、摄影等艺术形式也因科技的进步而大量涌现并飞速发展，人们不再只靠文学寄托内心世界，文艺表达方式更加多元化。这些都大大地分流了文学的功能，也使得文学的地位被大大地削弱，不比从前。

（二）文学内容和形式的多样化极大地冲击了传统文学

由于社会的发展、科技的进步以及文学创作者和读者群体自身因素的影响，当今文学不论是在内容上还是在形式上都日益丰富多样，而网络文学便是其中的代表，也是目前为止影响最为深远、在文学领域内崭露头角的新兴文学形式。不可否认，网络文学能够兴起，必然有其过人之处。但是，从整体状况来看，这种文学形式以及其他新兴文学形式都大大地冲击了传统文学。其不论是在严肃性、创作方法、表达思想还是在作用功能上都与传统文学相差甚远。这些文学最注重的是休闲娱乐，没有内涵和深度。由于受众群体的庞大和影响的扩大，其极大地冲击了传统文学的各个方面。这正是造成目前中国文学界新老文学之争的重要原因，也是对文学进行品格定位必须注意的问题。

（三）文学教育不能满足广大受众的需要

文学地位的削弱以及中国目前的教育现状使得我国的文学教育现状也不尽如人意。具体来说，在教育对象上，进入本科教育以来，多样化的选择分流了文学教育受众，使得其教育对象和范围缩小，而且越高层次的文学教育的对象就越少，这极大地忽略了文学的普遍性教育。在教育方式和教育内容上，文学教育还存在众多不足，其中最主要的一点是创新不够，仍拘泥于传统的教学方式和既有的文学知识的学习，而不能主动去发现和创新。这些因素使得我国当前的文学教育并不能满足广大受众的需要，进而影响了我国文学的发展。

二、中国现当代文学的品格定位

在对中国当代文学尤其是进入 21 世纪以来的文学走向衰落的原因进行分析之后，结合我国现当代文学整个百年间的发展状况及其相关品格定位，从促进中国文学发展的目标出发，对中国现当代文学的品格定位提出认识。具体来说，中国现当代文学应当构架和完善其知识品格、审美品格、开放品格。

（一）知识品格

从文学的功能和中国现当代文学课程教育来看，中国现当代文学应当具备知识品格。文学本来便是普及知识教育的一种重要手段，也是影响社会思潮的重要途径，当前的文学创作仍然要继续保持和加强其知识性色彩，巩固其知识传播功能。而从文学教育上来说，中国现当代文学的知识品格就更加明显和重要。当下中国现当代文学课最基本的品格定位是以文学史为架构，以作家作品的思想内容、艺术特色为支撑的文学课程。因此，对文学教育来说，知识品格是其最基本的品格。

此外，从社会发展角度来看，当今正步入知识经济时代，在这一时代，知识的重要性更是不言而喻，知识已成为人们创造和收获物质和精神财富的重要手段。因此，中国现当代文学要更加注重其知识品位定位，以适应和促进知识经济时代下的个人和社会发展。

在实现和巩固文学的知识品格定位上，要求保持文学的严肃性和知识导向性，反对和抵制一切低俗文学，为文学的发展营造良好的、浓厚的氛围。在中国现当代文学教育上，要加快文学与社会对接的步伐；构建科学、合理的文学教育体系；通过多种途径来加强文学研究，在传承前人优秀的研究成果的基础上，不断推陈出新，促进文学的全面发展。

（二）审美品格

文学是我们获得审美的主要途径。文学本身既是一门科学，又是一门艺术，带有鲜明的艺术气息。如果说自然中的美是直观的，那么文学里的美便是需要人去用心灵仔细品读和发现的。文学的美主要体现在其对社会生活以及人类心灵的美的精华浓缩，相比于自然美，它更能抵达人的心灵深处，因此，古往今来，人类历史上才会流传众多经典的文学作品。

但在现今的文学教育中，只重视知识品格而忽视审美品格，只注重科学层面上的文学知识与文学技巧的教育，而忽略了人文层面上对文学作品"审美"品格的注意以及对文学的"审美"思考，这种局面值得深思和改正。尤其是在物欲横流、国际形势日益复杂、社会日益多元化的形势下，更要注意用文学这一表现形式来进行思考和交流，启迪人类的心灵。

（三）开放品格

开放品格是新形势下我国现当代文学的发展要求和发展方向。改革开放以来，中国加快了融入世界的步伐，中外文化之间的交流方式和交流内容趋于多样，并形成了开放、兼容的文化结构和文化体系，从而使得现代中国文学越来越具有开放性，这是一种良好的局面。

从文学本身来看，开放性也是其固有的特性。文学是面向全人类的，没有国别和地域限制。从文学的发展上来看，建立一种种开放性的发生、发展机制，营造中国开放的、多元的文学艺术气息，加强中国文学与世界文学的交流与合作，是发展我国现当代文学的必由之路。因此，应当坚持和强化文学的开放品格。

第四节　中国现当代文学教学研究

一、中国现当代文学史"三段法"教学

中国现当代文学史教学在高等院校汉语言文学专业大学本科生培养方案中占据着举足轻重的地位。本学科内容的综合性强，知识面覆盖广泛，教学难度较大，以往的教学在诸多方面都面临着严峻的挑战。随着我国高等院校教育思想和教学观念的改变，中国现当代文学史教学凸显的问题引起了研究界的广泛重视，而任课教师要求对本课程进行教学改革也逐渐转化为强烈的内在要求。为了适应时代的要求，为了保持本学科的生命力，为社会培养复合型人才，探索切实有效的教学模式已经成为当下一项重要而紧迫的任务。

现代教育理论认为，教育的功能将更多地从传授现存知识和培养现有技能转向培养学生不断学习的能力，以使学生获得让自身可持续发展的途径与方法。教会学生学习，是当今时代教育的主旋律。中国现当代文学史课程的教学应该由以往以教师为中心转向以学生为中心，由以向学生传授理论知识为主转向以提高学生专业素养为主，由以培养专业化人才为主转向以培养复合型人才为主。要实现中国现当代文学史教学改革，就要克服

现存的问题，采用"三段法"教学模式。

（一）课前准备

1. 诵读识记法

注重学生对作品的诵读和识记，有利于学生想象力和感悟力的培养，让他们加深对文学意象的感悟，进而加深对作品情感内涵的理解，弥补课堂教学中的原典缺失。诵读使人在不经意之间，对朗读时产生的抑扬顿挫的语音、错落有致的节奏与独特严谨的结构拥有深切的体验，进一步感悟文章的真谛。每个学期开学初期，教师在课堂上规定一些学生本学期必须阅读和识记的篇目，在以后的教学中随时进行课堂测验，并将其作为平时成绩考核的内容之一，可在期末考试题中体现这些内容。同时，结合汉语言文学专业的特色建设，还可以定期举办诗歌诵读大赛，以便让更多的学生充分领略古今中外文学经典的永久魅力，完善知识结构，挑战自我，从中获得多方面的启迪和教益。

2. 原著导读法

当下因为受到中学应试教育体制的束缚和语文考试模式的影响，学生很少阅读或几乎不读文学作品，从而造成他们知识面狭窄、文化底蕴薄弱。因此，应加大对原著的研读，让学生认真品读和体味文本，深刻体悟作品的魅力和内在价值。教师在开学初列出本课程必读的书目，以此明确阅读目标，同时为培养学生阅读文学作品的兴趣，可适当介绍一些基本的阅读方法，引导学生把自己的人生观、价值观和生命体验融入作品中，触摸作家思想感情的脉搏和引发对文化现象的思索，从整体上感受文学作品的思想内蕴、艺术风格、语言特色和结构特色。同时，教师还可以引导学生进一步阅读与必读作品题材、风格相同或相异的作品，这样既能扩大学生的阅读视野，又能培养学生主动阅读和学习探究的积极性。这样的知识获取，已经带上了学生自己的生命体温和思想肤色，自主学习的能力自然而然就形成了。

（二）课内训练

1. 提问法

教师在讲授过程中，适时提出问题，指导学生通过独立阅读、思考和讨论等途径，创造性地解决问题。教师也要重视学生的发问，可在课前布置相关的自学内容，并督促学生提问。然后，教师通过引导、提示，让学生获取知识、形成技能和发展能力。教师既可以检查和了解学生对已经学过的知识和技能的掌握情况，帮助他们掌握学习重点，并突破难点，启发学生思维，又发挥了对课堂的主导作用，起到了最佳的教学效果。

2. 讨论法

讨论法是学生在教师的指导下为解决某个问题而进行探讨，辨明是非真伪以获取知识、形成技能和发展能力的方法。恰当地运用讨论法，能充分调动学生的学习积极性、主动性和创造性，增强他们的学习兴趣，让学生真正参与教学。在教学中，教师多方位地追求师生互动，要围绕教学中的重点、难点和疑点，精心设计若干个能激发学生思维的问题。比如在讲授曹禺的作品时，可以这样提问："《雷雨》为什么是中国话剧成熟的标志？它的民族性特点具体表现在哪些地方？"这样的问题不仅可以很好地将阅读文学作品落到实处，又可以给学生留出较大的思维空间进行讨论。讨论法教学可以有效促进教师与学生之间的对话和沟通，让学生以主体姿态参与课堂教学，并展开积极主动的学习与创新活动。

3. 比较法

《基础教育课程改革纲要（试行）》指出，教师在教学过程中应与学生积极互动、共同发展，要处理好传授知识与培养能力的关系，注重培养学生的独立性和自主性，引导学生质疑、调查、探究，在实践中学习，促使学生在教师的指导下主动地、富有个性地学习。比较是对文学作品理解、分析、综合和下定论的基础，比较分析是否充分，甚至会影响得出结论的客观性和公正性。在教学过程中，运用比较的方法具有省时、高效、令学生印象深刻等优点。教师通过一个问题的不同答案和不同思路，组织学生对多种答案及多种思路进行比较选择，或者将类似的作品放在一起进行比较，从而激活学生的思维，培养创新精神。譬如，可以将曹禺的《日出》、张爱玲的《沉香屑·第一炉香》和张恨水的《啼笑因缘》放在一起教学，这三部作品都描写了年轻女性沉沦的故事，她们沉沦的原因不同，结局也不尽相同。《日出》采用略前详后的叙述方法，开场就交代陈白露是有名的交际花，虽然她也曾有过活泼、纯真的时期，但最终沉沦了。她的堕落有社会的因素，也有自己复杂的性格因素，她的悲剧也是对"损不足以奉有余"的社会控诉。《沉香屑·第一炉香》采用详前略后的叙述方法，描写了葛薇龙从一个纯真朴实的少女，受到上流社会物欲情欲的腐化，一步步走向荒唐堕落的深渊。《啼笑因缘》的故事则采用详前详后的叙述方法，给我们展示了爱慕虚荣的沈凤喜是如何堕落，又如何受到"应有"的惩罚的。通过横向和纵向的比较阅读，既能增强学生对原著的阅读兴趣，又能加深其对作品的理解和认识，从而取得极佳的教学效果。

4. 情景法

情景法是根据文本所描绘的情景，通过鲜明的图画、生动的语言和音乐的感染力，再现文本所描绘的情景表象的教学方法，使人如临其境，如闻其声，如见其人。在教学中，教师将文学史的授课内容按照章节分成若干个相对独立的部分，与此相应地将学生分为若干个小组，每一个小组对应一个授课内容，而小组成员作为一个集体，共同准备这一节的授课内容和授课形式。小组成员之间必须做好职责的分工，并提前做好授课内容的资料收集、研读和归档整理工作，最后形成讲稿，制作成PPT。上课可由一个人主讲，也可以采用多人接力讲的形式，时间一般限定在15分钟以内。然后根据所讲的内容，小组成员通过表演的方式，生动、直观地把本次授课内容中的重点和亮点展示出来。最后，由授课教师根据本节课的情况，做查缺补漏和因势利导的工作，深化、拓展本节课的内容。这样的教学模式，既提高了学生学习的积极性，也培养了学生的动手能力，还锻炼了学生的口头表达能力。而且，教师在听课过程中也可以反观自己的教学，并不断改进教学方法，如此一来，能取得"一石三鸟"的教学效果。

（三）课后强化

1. 专题报告法

既要重视学生在课堂教学中的习得，也要重视学生在课外阅读中的习得，指导学生将课内习得与课外习得有效地融为一体，提高学生综合学习的能力，而采用专题报告法可以取得最佳效果。教师可将教学内容进行分解，协商后让学生以个人或小组的形式准备发言主题内容。学生在课余时间进行广泛阅读和收集资料，并就此写出发言提纲和报告，以便在课堂上发言；课堂上以学生发言和讨论为主，教师适时进行指导和点评。这样的训练能让学生成为课堂的主角，教师则扮演引导者的角色，学生不再被动地从教师那里接受僵化固定的知识和思想，而是在自我感受和思考的基础上，通过相互争鸣获得知识，从而由被动的接受性学习变成主动的探究式学习。

2. 鉴赏写作法

文学作品鉴赏能力是文学专业学生的基本功。在没有任何可参照评论资料的情况下阅读一部作品，如何综合个人、时代和文体等因素，对这部作品的文学价值和审美价值做出恰当和准确的判断，无疑是对文学专业学生的基本功和专业素养的极大挑战。教师可通过讲解中国文学鉴赏的基本要点、写作的基本范围和基本路数，使学生充分感受到，即使是最能体现作者个性的赏析文章也都是有章可循，并具有操作性和写作规范的。教师可在开学初布置作业，要求学生根据自己的喜好选择作品和拟定题目，而选择的对象以标志性作家和标志性作品为主，或选择较为冷门的作家作品，要求撰写不少于1500字的赏析文章，期末交稿，并计入平时成绩。

3. 论文规范法

只有切实重视写作训练，并采用合理的训练手段，学生所学的写作知识才能转化为写作能力。教师可通过布置学年论文和毕业论文，让学生完整地经历课题研究的各个环节，在强调遵守学术规范的前提下，激发学生参与课题研究和创新实践活动的热情。为了达到这一目的，教师可采用切实可行的训练方法：在专题研究的基础上，引导学生课下自主选题，独立撰写开题报告，并在课上讨论交流；教师提供文章，要求学生为其拟定标题或者根据正文内容撰写写作提纲；要求学生进行构段练习，撰写若干个不同类型的论文；引导学生在认真阅读文章之后，写出评析性短文；适当指导学生撰写篇幅较为短小的学术文章。这样的训练，能够培养学生独立发现问题、提出问题、研究问题、解决问题并形成研究成果的能力。

（四）总结

中国现当代文学史"三段法"教学是密切而有机联系的整体。课前准备是教学的基础，课内训练是教学的关键，课后强化是教学的保证，只有三者完美地结合，才能促进学生的认识能力、表达能力和研究能力的发展。只有勤于思考，勇于探索，善于比较研究，才能探索出一套既符合中国文学史教学精神，又切合教师自身实际和学生实际的教学方法，才能推动高校教学改革的持续、深入发展。只有在充分调动学生学习积极性的基础上，教师的教学投入才能真正收到实效，教学质量才能不断提升，中国文学史的精髓才能内化为学生的创新思维和创造能力。

二、中国现当代文学课程与教学改革

中国现代文学和中国当代文学同为教育部规定的二级学科课程，也一直是高等院校汉语言文学专业的必修课程、人文社科类专业的基础课程，是大学生人文素质教育的重要课程之一，其重要性可见一斑。但值得注意的是，人们的精神世界不再全由文学组成，与严肃文学相对的网络文学大行其道，带来低质、下沉的内容，消解了文学的功能。如何激发当代大学生对现当代文学的学习热情，如何通过现当代文学的学习提高大学生的实际应用能力是高等院校教学面临的严峻课题。因此，现当代文学课程的教学改革就显得尤为重要。

（一）中国现当代文学课程教学存在的问题

1. 课时减少，难以完成教学任务

中国现当代文学是中文、汉语言文学专业的基础课，也涉及人文社科类多个专业，并且都是专业必修课。但在实际教学过程中，现当代文学课程的学时偏少，这就导致了教师在课堂上只能对大纲所要求的必讲作品做一个简单的讲解，而不能做深入的比较分析教学，学生也只能对教学内容有浅层了解，实现不了大纲要求的教学目标，以致影响高校的教学质量。

2. 学生的学习主观能动性不强

传统的教学模式注重知识的科学性、理论性和系统性，中国现当代课程的教学又常常注重对"史"的描述，侧重于对思潮论争的梳理讲解以及对作家作品的理论知识学习，课堂内容相对来说比较枯燥，不能激发学生的学习兴趣和热情。

随着经济社会的发展，大学生所追求的目标逐渐趋于现实化、功利化，许多地方高校纷纷向应用型院校转型。迫于巨大的就业压力，大学生往往选择计算机、英语、法律、金融等热门专业，而认为文学专业对就业没有直接帮助，不能顺应人才市场的需求导向。

（二）中国现当代文学课程教学改革的措施

1. 课程内容的调整与课程体系的构建

课程体系建设应秉承创新意识和社会需求的原则，设置多元化的教学课程，充分体现课程的应用性和针对性；应根据当代学生的个性发展需求和社会需要来设置适当的选修课，培养学生的实践能力，为学生将来所从事的实际工作提供帮助。在中国现当代教学大纲对课时一再压缩的形势下，应对课时比例的设置和课程内容进行适当的调整。但课程内容的调整不是简单地随着课时减少而删减内容，而是在教学目的、要求的指导下对全部内容进行有侧重点的统筹考虑，做到课堂教学内容重点突出并具有启发性，同时激发学生的学习兴趣。

2. 适当改进教学方法和手段

传统的教学模式中，教师以传授知识为主，学生以听课为主，而现当代文学又多以文学史的理论为教学内容，这样很容易使学生的注意力游离于课堂之外。这就要求教师思考如何对教学方法和教学内容进行改进。无论采取何种教学方法，都应以培养和训练学生"听、说、读、写"的能力为主。

"听"的方面：可以抓住学生的个性特点，以丰富有趣的多媒体授课方式，保持学生在课堂上思维的活跃度。

"说"的方面：教师应主动让出课堂，让学生做课堂的主人，采用分组讨论、学生演讲展示或者表演式阅读等丰富的课堂教学形式，引导学生将阅读能力转化为语言能力。

"读"的方面：教师应选取适合教学目标和学生特点的文学作品指导学生阅读，让学生在阅读中领略作品的精髓、思想内涵，提高学生的文学审美能力，使学生能做到研究性阅读。

"写"的方面：学生阅读、分析的能力最终要通过写作来检验。平时各个教学环节也穿插着对学生写作能力的训练，如课堂笔记、阅读笔记、课堂讨论的发言稿，等等。教师可以对学生选择独特视角、寻找写作切入点做出相应的指导，从而提高学生的文字表达能力。

第五节　新媒体环境下当代文学教学研究

一、新媒体与中国现当代文学课程教学

(一) 在课程教学应用中的 "新媒体"

首先，必须明确本节所指的 "新媒体" 的概念。

学界上的 "新媒体"，大致指的是以互联网为代表的电子、数字媒体产生之后所出现的一系列新兴的媒介及其衍生体，是 20 世纪后期在世界科学技术发生巨大进步的背景下，在社会信息传播领域出现的建立在数字技术基础上的能使传播信息大大扩展、传播速度大大加快、传播方式大大丰富，与传统媒体迥然相异的新型媒体。但不论新媒体具体的概念和内涵是什么，它都是提供信息的一种方式，甚至就是信息本身。

本节所提的 "新媒体"，特指在现代课程教学中，与传统课程教学不同的教授、学习方式和内容。众所周知，传统的课程教学方式和内容是授课者围绕传统的媒介——主要是黑板和教材展开；在当下的课程教学中，新媒体的运用给课程教学带来的变化则主要包括：第一，教授方式和内容的变化，如 PPT 课件的使用、图片资料和影像资料的介入和使用等；第二，学习方式和内容的变化，如数字资源（中国知网、万方数据等）的使用、师生之间的电子邮件的交流，豆瓣、微博、校内网等公共学习空间的构建等。

新媒体的广泛使用与当下的实际生活方式有关，我们处在技术革命的时代，现代课程教学必然会受到现代技术的影响，尤其是中国现当代文学，本身与我们当下的社会生活、文化发展密切相关，许多文学作品同时在以其他媒体方式传播。但另一方面，媒体从来就不仅仅是 "媒体"，一旦我们使用它，它就会利用自己的 "权力" 做出反应。这就需要我们具体

分析，适度掌控、使用新媒体，为课程教学服务。

（二）"教"：影视资源的合理利用

新媒体给课程教学带来的最直接影响莫过于讲授方式和内容的改变，图片、影视资料的采用让课堂从"听讲"转变为"看讲"，现代课程教学之"教"发生了巨大的变化。

当代文化从语言主因型向图像主因型转变，人们越来越倚重于通过图像来理解和解释世界。毫无疑问，图像、影像在史无前例地影响着人们思考、感觉和体验世界的方式。因而，在教学过程中，多媒体图片、影视资料的引入，如果能很好地与课程内容联系起来，将视觉和文学文本有效结合，就能起到事半功倍的效果。在中国现当代文学史的课程教学中，影视作品的合理使用至少可以起到两方面的作用。

1. 辅助、加深理解的作用

比起文学作品，改编的影视作品能够给学生带来更加直观的印象，因此，在文学史课程的教授中，如果适当引入一些相关的影视资料，就能够对相关文学教学起到辅助作用。在讲述废名小说《桥》时，在多媒体课件上投放出《清明上河图》，以说明"诗化小说"所受中国传统美学的影响和对于意境的营构。这样一来，学生对于这类小说的艺术特征就能够有更直观的体会，加深对于创作的理解。

2. 补充、拓展知识的作用

许多文学作品在改编为影视剧后，会和原著产生一定的差异，能对中国现当代文学的学习起到补充拓展的作用。例如，由中国现代著名女作家萧红的小说《生死场》改编的同名话剧与小说主题并不一致。在萧红的小说中，主要表现的是东北地区的农民尤其是农村妇女痛苦、愚昧的生活状态；而在改编的话剧中，导演田沁鑫则更多表现民族主义意识，突出东北普通民众对于日本帝国主义的反抗。话剧改编构成了《生死场》的另一种解读，而这种解读恰恰又是萧红作品研究史很重要的一个方面。于是，教师可以向同学提出问题：改编的话剧《生死场》与原作有何不同？并请同学们试着分析这一改编的原因。再如当代作家杨沫的小说《青春之歌》，1959 年被改编为同名电影，作为中华人民共和国成立 10 周年的献礼影片，与小说原著相比，也做了比较大的改动。在课堂上要求同学们回答：电影做出了哪些改动？改动的原因是什么？在这一过程中，既让学生理解了文学作品和影视视觉艺术之间的差异，也能够促使他们对文化产品背后的生产机制、文学与社会、文学与政治的关系做出更深入的思考，既增强了学生的学习兴趣，又大大拓展了课程教学内容，培养了学生多方面的人文艺术素养。

但是，图片、影视资料的引入也会给现代课程教学带来一些问题。法国学者居依·德波在其名作《景观社会》中对消费时代由媒体所构成的"景观拜物教"进行了激烈的批判。美国学者尼尔波斯曼在《娱乐至死》中则早就提醒我们以电视为代表的现代视觉媒介可能带来弊端，它使教学变成了"一种娱乐活动……不能有任何需要记忆、学习、运用甚至忍受的东西"。过分引入视觉文化的资料，可能导致的后果是进一步使学生的阅读和认知"平面化""碎片化"，习惯于快餐式、娱乐式的图像，远离本应是学习基础的文学文本，从而背离了文学教育的出发点。有教授就表示，不愿意把课程教学变成一个老师展示图片文字、学生观看的"放映室"。的确，如今学生阅读图像的能力很强，缺乏的恰恰是文字阅读和用文字组织语言的能力，而中国现当代文学，尤其是现当代作家所创作的经典小说、诗歌、散文等，正好为其提供了培养文学素养的平台。

在教学中，必须坚守文学教育的基本要求，合理地运用图片、影视等新媒体资源，让新媒体更好地为课程教学、人文素养的培育服务。相反，如果仅仅满足于为学生提供一种"视觉娱乐"的话，则很可能使得教学效果大打折扣。从这个意义上讲，影像资料的采用有赖于课程设计者的巧妙设计。本雅明在《摄影小史》中指出，摄影图片的使用及其意义的确立依靠文字说明"将生命情景文字化，和摄影建立起联系，使照片易于理解。如果少了图片说明，任何摄影的建构肯定会受制于巧合"。因而，必须将影视图片资料的使用与文学知识的讲授合理结合起来，使新媒体教学真正达到预期的教学效果，而不是起反作用。如何合适地利用多媒体图片和影像资源，是中国现当代文学课程教学中一个值得反复探索的问题。

（三）"学"：专业意识的培养

新媒体给当下课程教学带来的深远影响还体现在学习方式的变化上。学生的互动性和自主性要远大于以往的任何一个时期，和传统教学比较起来，现代课程教学中教授者与学习者之间、学习者与学习者之间交流、互动的途径和方式都要丰富得多。例如，通过电子邮件的方式，教师和学生能够及时沟通和交流；课程兴趣小组成员利用豆瓣小组和校内网等网络论坛，可以很方便地组建一个共同交流、发表自己意见和观点的空间，这比起在传统纸媒上发表论文交流的方式，无疑更为方便快捷。

随着现代学术机制的建立和逐渐成熟，课程教学更加突出对学生自主学习能力和专业问题意识的培养。如何有效查找和使用已有的文献资料和学术成果，已经成为现代大学教育尤其是研究型大学教学的一个重要课程。因此，学术数据库的使用在课程教学方面的重要意义日益凸显出来。在中国现当代文学史教学中，由于现代文学的"经典化"，现代文学大家如鲁迅、郭沫若、茅盾、巴金、老舍、曹禺对于学生而言并不陌生，但由于复杂的社会政治原因，现代作家"经典化"过程又充斥着一些非文学的因素，学生往往会对这些作家的思想和创作的评价感到困惑。这就需要学生了解学科相关的研究史，而这显然又不可能在有限的课堂教学时间内完成。

例如，在学习中国现代文学史之前，学生对鲁迅的认知一般停留在毛泽东做出的"鲁迅是一个伟大的文学家，民族解放的急先锋，是党外的布尔什维克"的评价上。而实际上，各个时期，学界对于鲁迅研究的关注点并不一样。20 世纪 80 年代中期，鲁迅小说研究取得了重要突破，《呐喊》《彷徨》被看作是"反封建思想革命的一面镜子"；20 世纪 90 年代以后，从"反抗绝望"和生命意识的角度，学界更加重视对鲁迅《野草》的研究，力图还原一个真实的鲁迅。因此，在讲授鲁迅之前，可以要求学生利用学术数据库，查阅期刊资料（与数据库相比，学校图书馆空间有限，查找起来费时费力，很难达到预期目标），完成"鲁迅研究简史"的作业。通过这样的自主学习，学生才能够比较好地把握和体会鲁迅的文学创作的意义及其在中国现代文学史上的地位。在这一自主学习的过程中，学生既加深了对文学史知识的理解，也初步窥视了专业研究的基本路径。

在专业课程学习中，有许多学生表示最大的困惑和难题是如何撰写课程研究论文：既不知道应该写些什么，也不知道该如何去查找资料，更不知道该如何去写。审阅学生交上来的课程论文作业，很大一部分是高中时代的"作文体"，或者是介绍作家生平、创作特点的"百度体"，甚至还有大量直接从网络拷贝的陈旧不堪的研究论述。众所周知，学科专业课程的培养要求不仅包括对于专业知识的理解掌握和思想表达，也包括学术语言的训练，更有对研究方法的培养。因此，在课程教学中，也包括和学生的私下交流中，教师应该建议学生尽快学会使用学校图书馆的各种数据库，并且建议他们阅读相关的研究论文。这样一来，既培养了学生的学术研究规范意识，在学术语言上能够得到一定的熏陶，也能培养学生一定的专业研究意识，为其后的学年论文、毕业论文选题、撰写打下初步基础。

专业问题意识是引发当前人文社会科学领域热烈讨论的一个话题，一方面，学术成果"爆炸式"增长；另一方面，却较难看到有价值的研究成果，缺乏问题意识成为许多学者对当前学术困境的共同认知与普遍焦虑。正因为问题是知识学术创新的起点和突破口，所以许多学者强烈呼吁强化问题意识。然而，问题意识又并非天才的灵光一现，而是需要培养和训练的，问题意识作为一种以质疑索解的态度去发现问题、提出问题的心理倾向，原本有一定的人类自身的好奇心理做基础，但因为这种好奇具有一定的散漫与随意性，因此，需要有计划、有步骤的专业训练去加以强化，最终使之成为深植于学生内心的一种思维方式乃至文化观念。专业问题意识的培养，单纯依赖课堂教学是无法办到的，必须依靠广泛的课外阅读和多层面的交流，而在这方面，新媒体起到了重要的作用。利用新媒体，学生可以接触专业最新的研究成果，理解专业研究发展的历史，既增强了对于学科研究的兴趣，也能够生发出相关的问题意识。也正是从这个意义上看，新媒体的合理使用是培养学生问题意识、促进其专业学习的开始。

二、新媒体传播在当代文学教学中的创新应用

进入 21 世纪以来，随着电子媒介和互联网科技的迅猛发展，视觉文化开始兴盛起来。新的大众传播媒介如互联网的出现使文学教学呈现出新的特色。大多数高等院校开设的中国当代文学课程以学习文学史和研读主要的文学作品为主，教师教学以直接传授的方式为主。由于教学课程以及学生的阅读能力、阅读量有限，教师只能根据学生的具体情况制定教学任务，在有限的时间内很难达到教学预期目标，学生也容易疲劳。这些在教学的过程中遇到的困境需要我们探究新的教学方法来打破。在新媒体时代，以影视改编作品为媒介进行教学成为一种新的教学方式，充分利用数字化媒体资源对弥补传统教学的不足大有裨益。

（一）新媒体教学观念的改革

在现今的研究中，学者关注的是新媒体带给文学创作的高潮作用以及作为载体的新媒体带来的文学的内容和形式方面的变化。这些研究侧重的是新媒体和文学之间的相互作用。新媒体教学模式在高等院校虽然广泛运用，但只是作为工具，并没有与课程内容本身结合，新媒体文学在激发学生的课堂积极性、改善课堂氛围、进行实践教学方面的潜力没有得到充分发掘。许多文学作品被改编成电影、话剧，适于运用此种教学方式，在改编的过程中加入了改编者的理解，适用于跨学科的比较研究。

在参考有关资料的基础上，采取问卷调查的方法了解当前学生对多媒体教学（影视欣赏）的认识。调查数据显示，47.3％的学生支持教师采取影视欣赏的方式教学当代文学作品。他们认为，通过影视欣赏，可以更加方便、快捷地了解文学作品的概况，更加直观地感受人物形象的魅力。而

30.1%的人则认为，研读原著对学习文学作品来说更加准确，通过欣赏影视作品学习文学作品，在课堂上容易被画面吸引，不利于发挥想象力，容易产生惰性心理。因此，教师可以根据学生的具体情况，制订适合学生的教学计划，并根据实际教学的需要，有选择地播放与当代文学的教学内容相关的影视改编作品，分析影视作品与原著的差异，从文本与影像的相互关系中探讨怎样将影视改编作品向中国当代文学的课堂延伸，结合中国当代文学的特点进一步挖掘影视改编作品在教学中的功能。

（二）教学方式的革新

1. 构建中国当代文学史的理念

中国当代文学课程中涉及的文学作品众多，在中国当代文学两个学期的课程安排中，描写发生在 1949 年到 1976 年间的故事的小说题材丰富，适合影视的改编和再创作；在文学与西方理论的关系极为密切的时期，文学现象层出不穷，涌现出伤痕文学、寻根文学、先锋文学等多种形式的文学作品，文学作品内容丰富、题材新颖、人物性格迥异，适合通过影视改编塑造出性格各异的人物形象。

2. 课程形式的革新

在了解时代背景、文学作品内容的基础上，适当进行多媒体教学，特别是改编的影视文学的赏析，通过视觉、听觉、感觉等多重方式，更好地明白理论的来源，帮助学生准确地理解中国当代文学发展史及文学作品的形态和内涵，从而更深刻地了解作家及其作品。

改进传统教学方式方法，要避免由于语言滞后造成学生形成思维障碍，可采用非语言行为，直观、形象地提示和帮助学生理解教学内容，并利用影视欣赏的媒介达到视觉教学的目的。从政治、经济、意识形态方面对中国当代文学发展变化的影响以及文学发展的自然规律中，勾勒中国当代文学发展的脉络，深入掌握各个时期的文学思潮、文学流派、文学现象，并学习解读分析重要作家的代表作品。结合本专业学生的实际情况，设立与当代文学作品息息相关的影视欣赏课程。

3. 打通中国当代文学与影视艺术之间的界限

文学与艺术是息息相关的，艺术来源于生活，更高于生活。文学作品同样取材于生活，作家将自己在生活中的所听、所闻、所思、所感联系当时的历史背景，并结合自己的创作理念，以文字的形式形成文学作品，这本身就是对"生活"和"艺术"的再次创作。20 世纪是中国当代文学作品成熟的时期，也是电影电视迅速发展的时代。作为第七艺术的影视与文学血脉相连，影视虽然因声像技术的发展而具有独特的表现方式，但在创作理念、对社会生活的叙事与表达、意识形态功能以及批评方式的建构上都与文学唇齿相依。

（三）新媒体教学手段的应用

1. 拓展课堂教学的深度与广度

中国当代文学所处的时期决定了它的创作与社会的变革有着紧密的联系。在 20 世纪文学发展的特殊环境下，文学已成为社会变革中一种重要的表现内容而融入社会的大发展中。这就需要我们在课堂上与时俱进，延伸文学的广度，深入挖掘文学与社会发展千丝万缕的联系，使文学与实际连接，扩大文学发展的范畴。

2. 组织学生课外阅读并观看由经典文学作品改编的影视作品

学生在阅读文学作品时可以展开想象，认真思考文学文本与影视改编作品的异同，将课堂教学与课外阅读、教师讲授与自主学习相结合，提高自主学习能力。

中国现当代文学改编的影视作品大致有三种类型：

一是忠实于原著型。这一类型的原著大多形成于 20 世纪初期，这一时期形成的精英文学是以作家独特的艺术个性、艺术探求和审美性为原则进行创作的，坚持现实主义、冷静思考和批判精神，体现了中国文学的现代性，就改编影视作品而言难度较大。

二是在理解原著基础上的再次创新型。张艺谋就曾经说过："中国电影离不开中国文学……我们研究中国当代电影，首先要研究中国当代文学，因为中国电影永远没有离开文学这根拐杖……"在由张艺谋执导的电影《活着》中，我们可以感觉到电影与小说存在的差异，余华的叙述视角是相对客观的，而电影则是以主观介入表现方式叙述的，导演和编剧放弃了原作中的双重叙事，对整个故事进行了重新构建，体现了鲜明的艺术感染力。

三是失去原著精神和内涵的彻底改编型。电影是不同于文学作品的一种艺术类型，它的诞生带有明显的商业属性，创作过程摆脱不了商业化的干扰。如改编自陈忠实《白鹿原》的电影，失去了原著厚重的历史感，人物塑造也不如原著鲜活。电影只截取了小说的中间部分，叙事过程无头无尾，电影的主题性模糊，叙事角度混乱，白鹿两家祖孙三代的对立没有很明确地表现出来，原著中的人物线索被切断，白孝文、鹿兆鹏和黑娃的命运不知所终，架构也被完全破坏。

影视改编作品与文学作品是两种艺术表现形式，二者的叙事方式和表现手段是不同的。文学作品是作家通过文字的形式讲述故事，而影视改编作品是通过人物的表演展现故事。相比而言，影视作品能更加生动、立体、直观地讲述一个故事，这也使得它在人物形象、情节发展等方面可以更加鲜明、更加饱满。

教师在教学过程中，要打破传统的以教授为主的教学方式，通过在教学过程中穿插播放影视改编作品，达到基础理论研究和实践研究相结合的目的。在这一过程中，教师更要注意选择具有代表性的影视改编作品，要符合原著作者传达的精神，突出表现人物性格和形象的刻画。明确多媒体教学（影视欣赏）的使用比例和根本目的，做到有计划地进行教学改革，才能科学有效地进行中国当代文学的课程改革研究。

在视觉文化逐渐发展的今天，中国当代文学作品已经越来越多地被改编为影视作品。随着时代的发展，教学观念的改变，影视作品被逐渐引入当代文学的教学中。但是，我们必须清醒地认识到，影视作品毕竟不能与文学文本作品画等号，二者之间有着很大的区别。影视改编作品虽然来源于文学文本，但影视艺术是一种集文学艺术与大众艺术享受于一身的影像文化。所以，在教学的过程中，教师应当更加清醒地把握教学方向，以影视改编作品欣赏为切入口，利用多媒体教学的平台，引导学生有效率、有目的地学习当代文学课程。

三、新媒体环境下当代文学教学改革探析

新媒体环境中，当代文学教学面临巨大挑战。根据当代文学的学科特点，教师可以变单一的课前准备为师生双向互动的备课模式，将教学内容和方式与时代紧密联系，将考核模式多元化。在整个教学过程中，可利用新媒体完善教学体系，达到理想的教学效果。新媒体环境下，传统的教学理念和教学模式已经无法满足当代大学生教育的需要。数字杂志、数字报纸、数字广播、数字电影、微博、微信等新媒体的出现，使得学生获取知识的途径和交流思想的方式发生了根本性的转变。因此，教师如果固守之前"教—听"的单一模式，显然不合时宜。所谓"穷则变，变则通，通则久"，各类学科都应该探寻新环境中教学的新模式。就当代文学而言，它是大多数中文系学生的必修课，重要性自不必多言。从时间范围来看，当代文学延续到当下，在新媒体环境下面临更多的挑战。如何利用新媒体完善当代文学教学体系，达到更好的教学效果，是本节探讨的重点。

（一）教学准备多变化

一般而言，当代文学是多理论少实践的一门课程。传统意义上的教学准备仅仅是教师授课前在教学目标的指导下，在研究、吃透教材的基础上，针对学生的具体情况，确定教学内容和教学方法并写下教案的过程。这是一个单方面的准备过程，学生基本不参与其中。而新媒体海量的、迅捷的信息极大地拓展了学生获得信息的渠道和容量，这有助于提高学生的学习效率，激发学生的学习兴趣；但同时学生在繁杂的网络信息中难以甄别真伪好坏。

教师可以在课前准备阶段，变单向准备为双向互动，充分利用新媒体

带给学生的便捷，激发学生自主学习的能力，同时及时纠正学生查询的不准确信息。比如，在讲授当代文学作品选的时候，教师首先会介绍作家生平及代表作品，这些内容学生完全可以做到自主学习和了解。拿当代作家汪曾祺为例，"百度百科"与"好搜百科"在介绍人物生平、主要作品、文学特点、家世成员、人物评价等几个方面基本一致，但"百度百科"中多了人物关系这一点，其中介绍了汪曾祺的配偶施松卿和老师沈从文两人。沈从文对汪曾祺的影响非常重要，直接关系汪曾祺后期的代表作品《受戒》的抒情艺术风格。因此，材料搜集要全面翔实且抓住重点，这就需要同学之间相互合作共享，在有限的时间内达到事半功倍的学习效果。学生如果在课前搜集整理了资料，配合教师在课堂上的深入讲解，会更加透彻地了解作品。

此外，除了多种搜索引擎，学生还应该充分利用学校的数字资源，比如中国知网、读秀学术搜索、超星电子图书，对与作家作品相关的学术评论文章多加了解。这对本科生教育而言，是一种高层次的要求，但它能够培养学生的学术眼光，帮助学生拓展思维。所以，课堂上的作家简介这一环节就可以交由学生讲解，一般控制在5—10分钟，教师从旁辅助、补充，并梳理重点。这种双向互动的课前准备，充分利用网络媒体，不仅能激发学生自我探索的能力，还能培养学生的逻辑思维和表达能力。这种模式改变了传统的被动接受的方式，让学生真正参与学习过程。

（二）教学内容与方式多样化

欧阳友权在《新媒体与当代文学现场》一文中指出："就当代文学现场来看，网络写作以其新媒体传播与市场化运作，实现了对文学版图的颠覆性重构，形成了'三分天下'的当代文学新格局：一是以出版营销为依托的图书市场文学，二是以文学期刊为主阵地的传统文学，第三块便是以互联网络为平台的网络文学或新媒体文学。"大学生对网络文学和新媒体文学的兴趣要远远大于对当代传统文学经典的兴趣。在学生接受的知识及接受渠道发生变革的新媒体环境下，如果不改变传统的讲授方式，学生的学习积极性得不到提高，教学效果必定不理想。

如果说教学方式要解决的是"教师如何教，学生如何学"的问题，那么教学内容就是解决"教师教什么，学生学什么"的问题。虽然每个学校的当代文学课程都有相对固定的教材和教学篇目，但也并不是绝对不变的。在新媒体环境下，学生不断接受新知，当代文学作为一门紧跟时代的课程，教学内容和方式理所应当不断更新。具体可以从以下三个方面促进教学内容和方式的多样化：

一是还原现场式教学。如今的大学生对各个时期的文学概念都比较模糊，再加上政治环境的转变，想要讲好讲透并不容易。教师可以利用网络或者图书馆的各种数字资源搜集图片，特别是影音资料，将单纯的讲解变为"看图说话"，让学生切身体会当时的政治环境，正确理解特殊环境中的特殊文学。

二是现身说法式教学。新中国成立以来的文学作家，特别是一些后起新秀，比如刘心武、舒婷、莫言、韩少功、贾平凹、池莉等，至今仍活跃在文坛。在新媒体环境中，作家也在紧跟潮流，通过各种新媒体，全方位地与读者沟通，有点褪却了作家"神秘面纱"的味道。教师应该充分利用各种访谈视频、语录谈话、学术讲座，让他们"现身说法"，消除学生与作家之间的距离感，甚至可以让学生通过关注这些作家的微博、加入论坛等方式，更加直观地与之交流。再者，如果学校周围有这些作家在任教，可以鼓励学生去面对面地交流，比如莫言在北京师范大学任教，阎真在中南大学任教，王安忆在复旦大学任教，毕飞宇在南京大学任教等。俗话说"百闻不如一见"，与作家零距离接触，相信定能让学生对他们的作品甚至是当代文学的学习有新的认识。

三是反"恶搞"教学。"恶搞"随着新媒体的发展悄然流行，不仅渗透到生活的方方面面，还延伸到了教学课堂。学生从来不缺乏想象力，我们不能一味地回避，关键在于正确地引导。水平低下的恶搞与解构不仅丢失了原著的本真，还让人难以理解。恶搞与轻松趣味的寓教于乐有本质区别，要引导学生的想象朝正向发展，讲解正例与反例，让学生看到反例的荒谬，寻找到原本的主旨。

至于如何使新媒体融入教学过程，则可以从以下三个方面着手：

首先，充分利用新媒体，加强学生课前自主学习与课后巩固复习的能力。教师在传统授课模式中占主体，但如今互联网改变了信息与知识的传播方式，学生比之前更容易搜集学习资料，时间缩短，效率提高。因此，教师应该充分利用这种便利条件，改变传统"满堂灌"的授课模式。在教学实践中，一堂课开始之前，教师会指定某些学生重点预习，并要求其将所搜集的资料共享到网络平台，比如班级 QQ 群或者班级微信群，便于其他同学查阅。于是，在课堂教学中，被要求重点预习的同学会代替教师讲解一些常识性内容，教师可以纠正和补充。针对中国当代文学教学中学生阅读量不够的问题，除了鼓励学生去图书馆借阅之外，还可以分享一些电子书。此外，还可以利用一些听书软件，比如"喜马拉雅""酷我听书""懒人听书"等，让学生以"听"的方式了解那些借不到或特别不爱看的作品。多数学生表示，在"听书"之后，愿意再去阅读纸质版本，而且认真程度有所增加。在一堂课结束以后，教师可将相关音频、影视等资料分享给学生，比如超星视频中的名师课堂、国家级或省级中国当代文学精品课程等，让学生在"第二课堂"中加强理解，巩固所学的内容。

其次，在课堂教学中，教师除了运用多媒体等视听、影音手段之外，还可以借助互动软件让学生参与其中。大学生在课堂上的自律性较差，因此，有些高校提倡"无手机课堂"，通过"手机入袋"等方式规避学生在课堂上玩手机的不良习惯，但效果实际并不好。只有疏堵结合、打防并举才能标本兼治，提高教学质量和学生的积极性。目前，课堂中利用互动软件，让学生拿起手中的手机，与教师一起进行参与性学习的教学方式还比较少，这是教学改革中需要努力探索的方向。重庆邮电大学通信与信息工程学院教授设计了一种基于 Android 客户端和 Apache web 服务器的课堂互动应用系统，选择 JSON 和 HTTP 协议作为数据通信的方法。实验表明，该课堂互动应用系统，学生端可实现签到以及课堂答题；教师端可实现查看学生答题情况，统计并记录答案以及了解考勤情况等，方便了学生和教师之间的互动并提高了教学质量。文学类专业由于专业限制，直接设计软件并不现实，但教师可以结合教学实践提出设想，联合其他软件开发专业的教师一起设计相应课堂互动软件。在中国当代文学小说的教学中，学生比较喜欢听故事情节，但有时也只愿意听情节，并不求深入理解思想主题与艺术特色，因为教师在举例时，学生之前没有读过，理解就不深入，所以，设计一种整合并能迅速查找作品的演示软件对文学类课堂教学非常有帮助。

最后，可以借助新媒体布置作业，检验教学效果。中国当代文学的平时作业无非是要求学生写一些作品鉴赏、作品解析等，网上资料随处可见，对于自觉性差的学生来说，这种作业都能应付了事。所以，我们可以借新媒体改变传统的作业布置方式。前面提到一些听书软件，大多是交互性软件，学生作为用户，不仅可以听，还可以读。因此，对于中国当代文学中的诗歌教学，完全可以布置学生在某个听书软件中上传自己的音频资料作为共享资源，听众的点击率和好评是教师考核的重要指标。这种作业在一定程度上激发了学生的阅读兴趣。

（三）教学评价多元化

当代文学传统的评价考核方式一般由平时成绩和期末考试成绩组成，期末考试成绩占的比重相对较多。这种由名词解释、填空、判断、简答、论述、赏析等题型排列组合形成的期末试卷，主要考查学生对当代文学知识点的识记程度。考前集中一星期左右集中突击，通过考试完全没有问题，但教学效果可能会差强人意。所以，对于当代文学的教学评价考核体系，有必要调整。

首先，教师可以利用各种新媒体，比如 QQ、微信、论坛等，将授课班级集结在一起，采用网上讨论、答疑等方式，将整体"一锤定音"式的考核方式"化整为零"，分散在平时的交流中。学生在课堂上的讨论可能会因为紧张等因素不能充分展开，那就把学习带到平时的交流中，这种更加灵活的讨论模式，学生应该都会乐在其中。

其次，当代文学的授课中少不了对经典作品的解读，这些作品包括多种文体，比如诗歌、小说、散文、戏剧等。教师可以将朗诵、表演、舞台剧等方式引入教学考核。这不仅能让学生理解作品，还能锻炼他们传达和应用的能力。

最后，教师可以让学生对感兴趣的当代作品进行改编，这种改编要有原则性、道德性和原创性。这不仅能让学生理性对待经典，还能锻炼学生的写作能力。改编之后的作品可以上传班级交流群，大家集体评价讨论，变单一的教师评价为多方互动评价，让学生在相互评判中学习，达到真正的教学目的和效果。

第七章　信息化时代高校文学课程教学改革与实践研究

第一节　混合课堂在高校文学课程教学中的应用

一、中国文学课程线上教学的优缺点及线下教学的不可替代性

（一）中国文学线上教学的优点和缺点

线上教学所具备的教学资源开放性和教学方式灵活性为中国文学的教学带来了活力。首先，丰富的网络课程资源为教师教学和学生学习提供了多元化的选择。在以互联网为核心的信息化时代，知识的传播已经打破了时间和空间的限制，无论身处何处，都能够通过特定的数据平台获得相关的文献资料和知识信息。数字图书馆、国学数典等大型古籍文献资源平台为文献的查阅提供了极大的方便，各 MOOC 平台提供了免费学习的丰富的文学类课程资源。知识获取的多元性和便捷性使基础知识传授在文学课程的教学中不像以往一般重要，教师可以为学生提供学习资源，引导学生自主完成对基础知识点的学习，从而将教学的重点放在审美实践、问题探究等方面。其次，线上教学降低了课程的实施门槛，提高了学习的自由度。以超星网络教学平台开展中国文学课程教学为例，该平台丰富的功能为教师开展教学活动提供了多元化的组合选择。如在《白居易与新乐府运动》的线上教学中，将元白诗派、新乐府运动、白居易生平及诗歌创作情

况等基础知识点作为自主阅读板块，将《长恨歌》《钱塘湖春行》作品精讲作为录播视频学习板块，将阅读作品篇目和一些相关研究文献作为拓展阅读板块，将白居易的诗歌风格及成就作为在线直播讨论板块。配合章节测试，各学习任务点按照课程学习的规律进行排列，组成了多元化的教学单元。任务点开放可以采用闯关模式，学生可在预定的时间范围内自主安排课程学习。最后，线上教学模式有利于提高学生的主体地位。中国文学课程的教学目标可以分成三个层面，即知识层面，系统掌握文学现象、发展历史等学科知识；能力层面，培养学生阅读、鉴赏和评论文学作品的能力；情感层面，提高文化素养和审美情趣，增强文化自信和爱国情操等。因此，这对学生自主学习要求很高。传统的课堂教学由于受到课时安排的限制，往往难以兼顾到所有的培养目标，特别是非汉语言文学专业（如新闻学、秘书学、小学教育等专业）的中国文学课程课时安排较少。就教学实践来看，都普遍存在着偏重知识层面讲授，而忽略专业能力培养和审美实践的教学现象。由于线上教学资源的丰富以及线上教学对课程学习时间和空间限制的打破，特别是线上教学对中国文学知识层面讲授环节的弱化，以任务、研讨、答疑为主的翻转课堂得以实现，学生在课程学习中的主体地位得到了强化。

当然，线上教学也存在着缺点和不足。一是线上教学缺少沉浸感。虽然当前直播教学已大大提升了 MOOC 形式所缺乏的课堂氛围，但线上教令学学生的课堂沉浸感较弱的缺点仍无法完全解决。一方面，教师无法在第一时间感受到学生的学习状态，学生也不能像线下课那样实时得到教师的反馈。另一方面，师生之间的情感会变得疏离，中国文学课程教学要达到提高学生文化素养和审美情趣、陶冶情操的教学目标，需要设置一定的情境教学，使学生在对文学作品的学习中得到深入的情感体验。而线上教学的临场感较差，会使学生与教师的情感交流受到影响，从而影响了学生对情感氛围的体验。二是教师的课堂组织和课堂管理难度加大。从线上教学实践来看，由于受到网络环境等因素的影响，无论是录播课还是直播课，学生的参与度都难以精确量化，教师也无法第一时间掌握学生的参与情况。如超星网络教学平台课程任务点学情统计有延后性，不利于对学生学习的适时掌握，从统计中也只能反映学生是否完成了任务点，无法直观感受到学生的学习效果，给课堂组织和管理带来了不小的困难。

（二）中国文学课程线下教学的不可替代性

从现代教育技术创新和实践创新的角度来看，线上教学模式正在逐步完善，其信息承载和传播功能的优势越来越大，优质的课程资源灵活多样，不再稀缺。因此，线上课程教学手段的利用是课程改革顺应时代的变化。但是，并不是说就应无视传统课堂教学的价值，在大力利用线上教学资源和教学方式的同时，也应充分发挥传统教学模式的优势。就中国文学课程来说，线下传统课堂教学能够弥补线上教学的不足，具有不可替代性。

一是能够针对学生群体的实际来决定课程内容。最好的不一定是最适宜的，不同学校、不同专业的学生在认知能力、学业基础等方面都有着差别。线上资源取用方便，名校名师的课程都能够随时学习，但中国文学的精品公开课程不一定适应所有学校的学生，特别是新建地方本科院校的学生，也不一定适用于新闻学、秘书学等专业的学生。而线下教学教师可以根据自己学校的实际和不同专业的教学需要来设置课程教学内容，教学的针对性会更强。

二是情感教育环节效果更好。正如上文所论，中国文学课程有知识、能力和情感三个维度的教学目标。作品阅读和评论能力的提高、文化素养和审美情趣的陶冶都离不开教学中的情感教育环节。课堂教学一方面通过创造特定的情境，丰富学生在学习过程中的情感体验，陶冶其情操；另一方面，在面对面的课堂环境中，也便于教师和学生进行交流情感，能够更好地引导学生投入情感，从而感知文学作品的情感内涵。

三是课堂组织和管理更加便利。由于教师能够在课堂教学的过程中随时观察学生的状态，接收学生的反馈，因此，教师能够及时地对课堂状况进行掌握和应变，课堂的组织和管理较线上教学更加有效。

二、中国文学课程"线上＋线下"混合教学的可行性分析

从上文对中国文学课程线上和线下两种教学模式的优缺点的分析中，可以看到两种模式正好能够优势互补。如果能够将二者较好地结合起来，取长补短，就能够有效地解决传统教学模式中长期存在的矛盾，既能突出以学生为主体的教学趋势，又能够规避线上教学的诸多问题，达到"理想的课堂"。中国文学课程"线上＋线下"混合教学的可行性体现在以下三个方面：

一是线上教学资源的丰富性和教学软件强大的功能为中国文学课程混合教学创造了条件。面对丰富的文献资源和 MOOC 资源，教师只要能够事先对网络学习资源进行选择，或以任务形式引导学生进行甄别，就可以从内容繁杂的文学知识讲授中解脱出来。而能够实现学习任务发布、学情监控、直播和录播、章节测验等多种教学形式的线上教学软件，可以为教师搭建多元化的线上教学模式提供方便，从而让教师和学生在有限的课堂时间，更多地关注于文学作品的鉴赏批评或理论问题的深入研讨，更好地实现课程教学目标。

二是混合教学模式能够更好地兼顾教师对学生的组织管理，突出学生的主体地位。中国文学课程"三位一体"（知识、能力、情感）的教学目标，决定课程改革的趋势必须突出学生的主体地位，将教师的角色向学习的引导者和激励者转变，使课程教学活动从以教师讲解为特征的单项知识传授向以师生、生生互动交流为特征的双向和多向信息交流转变。混合教学模式使以课前基础知识的自主学习、课堂的鉴赏评论实践和理论问题探讨为特征的翻转课堂能够实现，学生在课程学习中的能动性将得到有效激发。同时，通过课堂教学，师生的有效交流又能够对自主学习的效果进行必要的监测，降低了线上课堂组织和管理的难度，对单一线上教学课堂沉浸感不足的现象也是有效的改善。

三是混合教学模式是解决中国文学课程设置突出问题的有效途径。中国文学课程教学中面临的主要问题是课程教学内容多，课时却有限，特别是非汉语言文学专业的中国文学课程，教学时间被明显压缩，使教师在教学内容的安排上捉襟见肘。为了完成教学内容，教师不得不加快授课节奏，导致了教学过程中对文学作品的忽略、教学方式单一、进度过快、学生学习难度加大，难以实现预定的课程目标，更造成了该课程与专业要求的脱节。采用混合教学模式，需要教师重组课程教学内容，将需要课堂讲授的内容放在线上，由学生于课前自主学习，大大节约了课堂教学时间，为教师优化教学设计、丰富教学方法、提升教学效果创造了条件。

三、中国文学课程"线上＋线下"混合教学模式的建构目标与实施路径

（一）中国文学课程"线上＋线下"混合教学模式的建构目标

"线上＋线下"混合教学模式的建构是一个系统的建设工程。如赵卫东所言："需要围绕现代教育理念，着力构建以学生为主体、以开放性课堂为核心"的教学模式，将对学生素质与能力的培养纳入主体性的内涵之中，突出实践性教学的特点，"还要加强课程资源的整合与多元化的课程考核机制和评估体系的建设"。[①] 其建构目标可归纳为：以 OBE 成果导向的教育理念为指引，围绕中国古代文学课程"知识、能力、情感"三维教学目标，构建以学生为主体、线上教学和线下教学完美结合、传统课堂和翻转课堂多元化教学方式有机融合、能够充分激发学生自主学习的积极性和创造性思维的混合教学模式。

（二）中国文学课程"线上＋线下"混合教学模式的实施路径

为了达到教学模式改革的目标，中国文学课程"线上＋线下"混合教

---

① 赵卫东. 应用型本科院校中国古代文学课程"慕课"教学模式的构建实践研究［J］. 三门峡职业技术学院学报，2018（1）：66—71.

学模式的实施应从以下四方面展开：

一是优化课程设计，调整知识结构。以专业能力培养的要求为导向，强化中国古代文学课程与相关专业能力间的联系与对接，对课程内容进行必要的调整，明确线下教学和线上教学、课堂讲授和自主学习、传统教学和翻转课堂、理论教学与实践教学的内容划分，形成课堂教学与自主学习、教师讲授与课堂讨论、知识掌握与能力实践有机结合的课程知识结构。

二是搭建中国文学课程资源库。目前，网络上有着大量的中国文学课程资源，包括文献资源和 MOOC 资源，为教师教学和学生学习提供便利的同时，也应该对其加以甄别和选择。教师可以结合课程教学需要和学生学习实际，甄别网络课程资源，选择和编辑适合的内容，纳入课程教学。应鼓励任课教师自己录制课程资源，并利用超星等网络教学平台搭建课程资源库，方便课程设计时选择和组合。值得一提的是，根据线上教学经验和学生学习反馈，课程视频资源的录制不宜太长，以一个知识点或单篇文学作品为单元的短视频更符合学生信息获取的习惯，也更利于课程教学活动中的灵活组合。

三是促进翻转课堂和混合教学模式的融合。翻转课堂教学模式的本质是把课堂教学的重心从信息传递转向吸收内化，突出了学生的课前自主学习和课堂中的信息交流与讨论，从而推动课堂由以教师为中心向以学生为中心转变。"线上＋线下"混合教学模式与翻转课堂教学模式有着本质上的契合点，混合教学模式对于网络课程资源的建设恰为翻转课堂课前学生自主完成学习任务提供了良好的信息化条件。同时，翻转课堂也为高效支配因线上学习而节省的课堂时间提供了方法。

四是设计混合式的课业评价。正如朱曙辉、朱妍所言："传统教学方式主要以线下教育结果评价学生学习，基于翻转课堂的混合式教学考核方式则大大地提升了对课程在线学习等过程环节的比重。"① 传统的作业＋期末考试（或课程论文）的课程考核方式显然不能够适应于混合式的课程教学需要。混合式教学模式需要教师适时对学生的在线学习效果进行测评，并予以必要的引导和管理。同时，以能力培养和素质提升为重点，多元化教学手段的融入，都使对学生学习效果的评价不能再以单一的知识掌握程度为标准，应该加大对章节测验、任务完成、互动讨论、实践环节等平时成绩的考核，利用线上教学平台学情统计功能，构建"线上＋线下"考评结合的综合评价方式，保证最终课业成绩考核的公平性和有效性。

综上所述，对于作为知识教学、能力培养和素质提升兼重的综合性课程的中国文学课程而言，构建"线上＋线下"混合教学模式，能够有效地综合两种教学模式的优势，打破传统教学因学时和教学内容限制而产生的诸多问题，实现中国文学课程由以教师为主向以学生为主，由以知识传授的单一模式向知识传授、能力培养和素质提升的多元模式转变，对提升教学效益、实现课程目标，具有重要的意义。

第二节　慕课在高校文学课程教学中的应用

一、文学通识课程慕课的理论观照与整体建构

（一）理论观照：慕课的理论基础和主要教学模式

1. 慕课的理论基础

慕课是英文"MOOC"的音译，"MOOC"是"Massive Open Online Course"的缩写，即"大规模在线开放课程"。其特点有三："M"代表

---

① 朱曙辉，朱妍. 基于翻转课堂的中国古代文学课程混合式教学模式研究 [J]. 黑龙江工业学院学报，2019（10）：8—11.

Massive，即规模性，与传统课程只有几十个或几百个学生不同，慕课一门课程的学生从上万人到上百万人都是可能的；"O"代表"Open"，即开放性，慕课以兴趣为导向，凡是有兴趣学习的，均可注册学习；另一个"O"代表"Online"，即在线性，慕课学习不再局限于教室，而是在网上进行，不受时空限制，通过客观化、自动化的线上学习评价系统和开放性网络互动环境，对学生的学习进度、学习效果进行全程跟踪检测，还能实现互相批改作业、小组合作等，实现全天候二十四小时的教学互动。作为数字化学习（E－Lcarning）的集中体现方式，慕课既代表着一种新型技术平台，也蕴含着一种新型的教学范式。

需要指出的是，慕课与传统的远程教育和在线教育有着显著的区别。比如：与传统的通过电视广播、辅导专线、自学函授等形式的远程教育不同，在慕课模式下，大学的课程、课堂教学、学习进程、学习体验、师生互动等整个学习过程都被完整地、系统地在线实现，学生的学习体验更为完整、真实。

关于慕课的理论基础，主要有两个来源：

其一，是以关联主义学习理论为基础。

关联主义学习理论（Associated Learning Theory）是在网络知识大爆炸时代，人们所采用的学习方式、学习工具及学习资源都发生了巨大转变的背景下提出的一种学习观。其要点包括四个方面：

第一，知识观。关联主义学习观认为，知识并不只是书本上那些被归纳出来的固定知识，知识是一个动态变化的过程，需要不断更新，不断流通。只有通过各个"节点"将其联系起来，形成知识网络，才能实现其应有的意义和价值，而这个"节点"就是我们每一个人。所以，知识是以片段形式散布在网络中的，我们每个人都拥有其中一部分，都可以对知识进行创造、完善、更新和批判。

第二，学习观。关联主义认为，学习不再是一个人的活动，而是一个连续的、知识网络形成的过程，强调人与外部关系的建立和知识网络的建立。

第三，创新观。关联主义学习理论把每个人都视为知识网络的连接点，它要求每个学习者都应该在理解现有知识的基础上，通过自己的独特思考，促进知识的更新，并善于将新的知识与已有的知识进行联系。

第四，整体观。关联主义把课程设计者、学习资源、教学者、学习者等作为一个整体，并基于大众化的社会性交互工具平台，促进不同类型的学习者在人机、人人交互模式下切磋学习，引发知识迁移和知识创造，使面向信息类聚、整合理解、迁移运用、批判思维和知识构建等的"深度学习"真正发生。

其二，是以行为主义学习理论为基础。

行为主义学习理论（Behavioral Learning Theory）又称"刺激－反应"理论，该理论认为，人类的思维是与外界环境相互作用的结果，即形成"刺激－反应"的联结。对学习者而言，环境是刺激，与之伴随的行为是反应，所有行为都是习得的。具体到学校教育而言，该理论要求教师努力为学生创设一种环境，即尽可能在最大限度上强化学生的合适行为、消除不合适行为，以达到"塑造和纠正"学生行为，使其掌握知识和技能的目的。同样，衡量学习获得的标准，就是看学习行为的刺激是否引起了学习者的反应。如果通过教学环境的刺激，使学习者易于掌握学习内容，那么刺激与反应之间的联结也就建立了起来，教学效果就会得到提高。慕课正是通过新的教学环境、教学方法的刺激，使学习者更好地形成"刺激－反应"的联结。

2. 慕课的两种主要教学模式

与相关理论相对应，慕课（MOOC）教学主要有两种模式：基于关联主义学习理论的 cMOOC 模式和基于行为主义学习理论的 xMOOC 模式。二者的区别主要在以下五个方面：

第一，从形式上看，cMOOC 是一种强调自学、互助的模式，xMOOC 则是接近于传统教师授课的在线教学模式。

第二，从时间上看，cMOOC 先出现，xMOOC 后出现。

第三，从内容上看，cMOOC 是基于主题的，侧重于知识建构与创造，强调自治和社会网络化学习；xMOOC 则是基于内容，侧重于知识传播与复制，强调视频和练习等学习方式。

第四，从目标上看，cMOOC 的目的在于学习者共享、创造知识，xMOOC 的目的在于学习者掌握、运用知识。

第五，从讨论形式上看，cMOOC 侧重于线上学习，强调多种社交媒体支持；xMOOC 则会建立基于课程的集中式网上论坛，有的还会采用"线上＋线下"的方式。在此意义上，xMOOC 与翻转课堂、混合课堂，以及后来兴起的 SPOC（Small Private Online Course，小规模限制性在线课程）渊源颇深。

就本质而言，SPOC 实际上可视为对 MOOC 的创新和优化。加州大学伯克利分校的阿曼多·福克斯（Armando Fox）教授首先提出 SPOC 的概念，即对学习者设置准入标准，将学习者人数控制在十人到数百人之间，以提高学习者的参与度和学习完成度。

同时，与 MOOC 相比，SPOC 更加注重翻转课堂和混合式教学。"翻转课堂"（Flipped Classroom）是指对课堂内外的时间进行重新调整，将学习决定权从教师转移给学生的一种教学模式。在这种教学模式下，传统的学习过程被翻转过来，知识点和概念的学习被放在课外，课堂时间则用来互动交流、答疑解惑，使学生由被动的知识接受者转变为主动的知识学习者。在宝贵的课堂时间，学生能够更专注于基于项目的主动学习，从而获得更深层次的理解。混合课堂教学模式要求在充分借鉴慕课的理念和优势的基础上，利用慕课学习平台，以翻转课堂为主要手段，混合线上慕课学习及线下传统教学，实现二者之间的取长补短、优势互补。

（二）整体建构：慕课视域下文学通识课教学模式改革实践

文学通识课程对于培养学生的人文精神、提升学生的底蕴和气质、提高学生的审美能力、促进学生的全面发展具有重要意义。近年来，高校文学通识课程的教学改革虽然取得了一定的成绩，但仍存在着不少问题：通识课程受到的重视程度、学生的学习效果等方面均不及专业课程；课时减少、要求降低、教学过程流于表面、手段滞后、课堂枯燥乏味等多方面的因素使学生学习兴趣减退，学习效果不佳。各高校正纷纷借鉴慕课相关理论来改革传统的教学模式，实现对教学模式的再造和提升。

1. 高校文学通识课程的教学现状

通识教育（General Education）最早可追溯到古希腊著名哲学家亚里士多德倡导的"自由教育"（Liberal Education）。具体而言，就是倡导实现人的理性、品德和智慧的全面发展。我国古代国学经典《中庸》和《论衡》也提到了"博雅"和"通学"的要求。近代教育家梅贻琦和蔡元培则分别提出"通识为本，专职为末"和"本末兼赅，通重于专"的思想。而在通识教育体系中，文学教育至关重要。

文学通识教育的根本价值不仅在于传授文学知识，更在于培养良好的思维方式和创新能力，丰富心灵世界，完成自我人格塑造。非文学专业学生通过文学通识课程的学习，可以促进学科交融和渗透，成为博雅通才。这一点，对于培养复合型、应用型、多专多能型人才的民办本科高校而言，意义更为重要。然而毋庸讳言，高校文学通识课程的教学现状却不尽如人意。具体表现在：

（1）课程受重视程度不够，课时量不足

无论是就课程设置，还是就教师、学生而言，文学通识课程受到的重视程度都远远不够。就课程设置而言，一方面，与门类繁多、课程丰富的文学专业课程相比，文学通识课程无论是在种类上还是在课时量上都无法与之相提并论；另一方面，与其他通识课程如英语、计算机、体育等相比，文学通识课也处于弱势地位。前者多是必修课，而且开设时间长，往往跨越多个学期；后者是选修课，而且一般仅开设一个学期。实际上，文学通识课程的内容十分丰富，仅仅一学期的学时难以满足教学需要。就教师而言，不同程度地存在着重专业课、轻通识课的倾向；就学生而言，高校学生更看重培养技能的专业课程的学习，对于培养人文素养的文学通识课程则认为其是无足轻重的"非必需"课程，因此学习动力不足。

（2）教学内容缺乏特色，体系性不强

当前的文学通识课程存在着内容陈旧、缺乏时代气息、特色不鲜明的弊端，难以满足学生多样化的学习要求。目前，文学通识课程以讲授古今中外的经典作家作品为主，这本身无可厚非，但是课时量的减少，使得每一部作品的介绍只能是"走马观花"，学生对经典作品难以获得深入系统的理解和认识，仅仅流于表面；再者，部分课文在高中阶段已经学过，而大学阶段再次学习时，学生就失去了新鲜感。因此，对教学内容进行优化和深入开掘就显得十分必要。

（3）教学模式单一，学生兴趣不浓

受到教学资源、师资力量等条件的限制，高校的文学通识课程难以采用小班教学，多以大课堂教学，学生动辄百人以上。而课堂规模过大，又使得教师在教学方式上多采取"满堂灌"的形式，难以开展有效的一对一互动，学生只能被动地接受知识，加上学生对于通识课的消极态度，课堂教学效果可想而知。

（4）教学评价方式片面，难以全面反映学习效果

目前，文学通识课程的评价方式还是以期末考试为主，学生的平时学习表现较少体现在最终成绩中。另外，虽然期末考试的形式分为试卷或论文，但难度不大，要求也并不高，长此以往，学生会形成文学通识课"容易学习、容易通过、不耗费精力"的印象。如此便失去了考核的本意和初衷，不能真实全面地反映学生学习的实际效果。

2. 慕课的理念和启示

目前，慕课热潮已席卷全球，600多万名参与学习者遍布全世界220多个国家，已经成为当前教育界讨论的热点话题。自2012年世界"慕课元年"和2013年中国"慕课元年"以来，在慕课模式下，课堂教学、学习进程、学习体验、师生互动、生生互动等整个学习过程都被完整地、系统地

在线实现，学习者的学习体验更为完整、真实。

与传统网络课程不同，慕课在如下方面具有明显优势：

一是就学生层面而言，实现了从"围观"到参与、互动的转变；

二是就教师层面而言，教师必须严格执行教学进度，并在线组织教学活动，除了做"演员"，还要做"导演"；

三是就教学层面而言，慕课可以采用多种教学模式，如在线学习式、线上线下混合式、小组讨论式、讲座式等；

四是就教学考核方式而言，慕课更看重"过程评价"；

五是就教学技术层面而言，完善的慕课平台能够提供更为丰富的学习行为记录和大数据分析，帮助教师实时掌握学习动向，进行学情分析。

在慕课的众多教学模式中，基于翻转课堂的混合教学模式尤其引人重视。混合教学模式的特点是：把传统学习方式的优势和慕课学习的优势结合起来，借鉴慕课的优势资源，将课堂教学与信息技术进行融合，使教学过程实现"线上"（网络教学）与"线下"（面授教学）的有机结合，并根据学生特点设置合理的学时分配。线上自主学习主要由观看视频、学习课件、完成作业、参加测试和线上交流等几个环节组成，线下见面教学则借助翻转课堂等教学方式开展，包括线下见面、集中讨论、专题辅导等环节。

通过分析慕课的理念和教学模式发现，慕课的优势为文学通识课程教学改革提供了很好的借鉴思路。比如：慕课的课程丰富性，补充了文学通识课程的教学内容，弥补了通识课程内容陈旧的问题，为学生的个性化发展提供了多样化选择；慕课的教学互动性，改变了传统的课程教学方式，实现了以学生为中心的学习；慕课的平台技术优势，则为教师提供了学生全面、客观的学习记录，从而有助于教师适时调整和改变教学策略。

（三）微观探究：慕课教学改革中师生角色的转变和重塑

慕课的兴起，开创了"互联网＋教育"的崭新时代，对传统的教育理念和教学模式产生了巨大的冲击，也给诸如"大学语文"这类传统文学通识课程的改革提供了新的理念和契机。在这一教学改革过程中，师生角色的转变和重塑尤其值得重视。

1. 传统教学模式下的师生角色

传统教学模式以讲授法为主，以大学语文为例，师生角色的定位如下：

（1）主讲者与听讲者

教师是课程主讲者，通常按照作者简介、作品背景、文本解读、特色分析等环节向学生传授相关知识。学生则是被动的接受者，以听课、做笔记为主。虽然教师可以通过提问、讨论等方式提高学生的参与度，但具体到大学语文这门课则效果有限。这主要是因为作为文学通识课程，大学语文一般都是大班上课，学生动辄上百人，教师每堂课提问、讨论的次数其实很有限，更不用说实现有效的一对一互动。在这种教学模式下，学生成为被动的听讲者和记录者，缺乏主动意识。

（2）主导者与接受者

在传统教学模式中，教学活动主要聚焦于教师的"教"，教师是课堂的主导人，从教案设计到备课、教学、批阅作业、辅导答疑，全都由教师一人完成，缺乏教师间的团队协作。

学生是课堂的接受者，出于对教师的"信任惯性"，在以教师为中心的传统课堂中，学生对教学内容的认识和思考通常会不自觉地受教师思维方式的引导，得出教师想要的答案，缺乏创新意识。

（3）权威者与服从者

一方面，教师是传统的教学模式中知识的来源和绝对权威，掌握着教材教法、教学内容、学习方式的绝对话语权，掌握着学生的学习成绩和学习效果的完全评判权。而在大学语文的大班教学中，由于人数众多，教师难以对每一个学生的平时表现实行精细化管理，通常是"一考定乾坤"，期末成绩占有绝对优势，学生的学习过程往往被忽视。另一方面，学生是完全的服从者，教师说什么，学生就做什么，久而久之，会养成依赖心理，缺乏质疑意识。

2. 基于慕课的文学通识课程教学改革中师生角色的转变和重塑

陶行知先生曾深刻指出："教是为了不教。"文学通识课程尤其如此，文学通识教育的根本任务不仅仅是传授知识，更重要的是引导学生养成良好的思维方式，锻炼创新能力，陶冶心灵世界，完成人格塑造。而要实现这一任务，并弥补传统课堂教学模式中学生缺乏主动意识、创新意识、质疑意识的不足，就需要借鉴新的教育理念和教学模式，对文学通识课程的教学模式进行改革和创新。在此意义上讲，慕课的兴起恰逢其时。

（1）教师为设计者，学生为参与者

在基于慕课的混合式学习模式下，教师需要经历从"一"到"多"的角色变化。比如，由传统课堂的讲授者转变为课程的组织者和设计者，教师不仅要当好"演员"，还要当好"导演"和"编剧"。在每次翻转课堂之前，教师需要指定学习任务、拟定翻转话题、组织深度讨论，还要及时掌握翻转课堂的节奏，时刻注意各环节的衔接是否顺畅。同时，学生由"消极旁观者"变成了"积极参与者"。对于学生而言，线上和线下学习的全过程都需要积极参与，包括线上慕课学习、线下翻转课堂学习、课后讨论、作业互评、期末结课论文等，只有主动地投身并沉浸其中，才能获得更好的学习体验。

（2）教师为助学者，学生为主学者

在混合式学习模式中，教师不再是传统课堂模式下的"保姆"，为学生操办好一切，提供所有的知识和答案，而是充当助学者的角色。教师需要给学生创设问题情境，提供发现知识的线索，进行必要的引导和总结。在这一过程中，教学的中心由教师转移到学生，学生成为课堂的"主学者"，既成为主动发现问题、解决问题、获得知识的主体，又成为生生互评、生生互动的主体。同时，在期末成绩评定方面，不再由作为"助学者"的教师一人说了算，学生作为"主学者"的平时表现将更为重要。除了传统的考试和结课论文之外，线上学习情况、翻转课堂表现、师生互动和生生互动的评价也都将纳入考查范围，由此实现了课程终结性评价向过程性评价的转移。

（3）教师为促学者，学生为自治者

在基于慕课的教学改革中，一方面，教师不再是课堂的权威和唯一标准，而是一名促学者。所谓"促"，一是促进，要求教师掌握学生的实时学情（慕课平台的大数据分析功能已经能够为教师提供实时的学情统计和分析），并及时调整教学策略，促进课程的顺利进行；二是督促，由于慕课学习时间和地点的灵活性，学生的学习自由度大大加强，相应地，对学生的学习自觉性要求就更高。毋庸讳言，慕课学习中也有部分学生自制力较差，拖延症严重，甚至突击补进度、看视频。对此，教师应不断加强督促和检查，对他们进行及时提醒和预警。另一方面，学生成为自我控制、自我学习、自我发展的"自治者"，他们可以根据自身实际，掌控学习进度，能够通过学习小组进行自我管理、自我展示，这极大地提升了学生的创新能力和独立思考能力。部分优秀的学生还能在生生互动时，比较正确全面地回答其他学生提出的问题，承担一部分原属于教师的答疑解惑任务。

三、汉语言文学教学构建翻转课堂的策略

（一）利用翻转课堂迁移基础学习内容，提升课堂教学针对性

作为一门最基础的核心学科，需要充分的时间积淀才能实现从量变到质变的飞跃，仅仅是课堂上短短数十分钟的教学于汉语言文学的系统性而言只能是杯水车薪，且传统模式下标准课堂"一刀切"的教学又无法顾及每个学生个性化的学习要求，因此，现今汉语言文学教学构建翻转课堂的首要策略，就是利用翻转课堂迁移基础学习内容，提升课堂教学的针对性。

也就是说，教材、课本上基础性、学识性的概念与内容都可以迁移到课外，利用线上平台制作成主题课件，由学生自行在课余时间自学。比如

对新课内容进行预习，事先通读并结合教师的视频课件形成初步印象，再就其中出现的疑点、难点等问题进行归纳总结。待开始课堂教学时，学生可以将课外预习时发现的问题提出，教师在课堂上重点答疑解惑。如此一来，有限的课堂时间便能发挥出最关键的释疑作用，从而大幅提升教学的针对性和有效性。而在课后复习时，学生又可以结合视频课件进行巩固，并通过视频课件上附带的测试题目进行自检自测，从而实现预习和课堂学习内容的内化与固化。

利用翻转课堂迁移基础学习内容不仅能够从根本上颠覆"填鸭式"教学的局限性，而且能够形成一人一策的个性化教学模式。学生在自学过程中发现自身缺陷和不足，加以修正和弥补，且能不限次数地回看并复习，同时结合线上测试等方式，逐步摸索一条最有效率、最能被接受和认同的规律与习惯。久而久之，被动灌输式学习便能够发展成主动探究式学习，而这恰恰是形成教育针对性的核心与重点。

（二）优化考核评价体系，丰富考试形式与内容

汉语言文学虽然缺少高度对应的职业或职务，然而各行各业都无法完全脱离这一专业而存在，其对现实职场的间接影响才是这一专业的价值与意义所在。因此，当今汉语言文学的教学质量应当结合这种趋势特征，优化考核评价体系，丰富考试形式与内容。比如，在翻转课堂的视频测试环节模拟一家企业的文秘，要求结合一年来企业生产经营的成果撰写一篇年度工作总结；又如，假设一间广告公司接到某快销企业的产品推广需求，需要拟定一篇广告文案等。

将汉语言文学与真实职业相关联的考核不仅较一纸试卷更具挑战性，且从根本上避免了一些学生希望通过死记硬背蒙混过关的侥幸心理，有助于学生端正学习态度，从理论知识与实践技术两方面严格要求自己。

（三）分组合作提升学习自主性，培养终身学习意识和能力

汉语言文学的人文性来自悠久的历史和厚重的文化积淀，这些与时间相关的内在特点决定了这一专业的学习将伴随学习者终生，如同美酒愈陈愈香。因此，新形势下的汉语言文学教学构建翻转课堂还需要分组合作提升学习自主性，培养终身学习意识和能力。

这种合作式学习比较适合主题式探究，也就是教师利用视频课件为学生小组布置课后练习，采取多选主题形式，由学生小组自行商议并选择，再由学生小组内成员自行安排分工，最后呈交学习报告或小组论文。

分组合作的学习方式不仅有助于学生提高主动学习的积极性，且小组合作过程也是学生练习口头表达与文字表达的机会。加之小组合作也有利于学生培养团队精神与合作意识，这对未来的社会生产与工作同样有极大的助益与促进作用。

第三节 "直播＋翻转"教学模式在高校文学课程教学中的应用

一、"直播＋教育"的发展趋势与探索方向

(一)"直播＋教育"的迅速发展

当前，在"互联网＋"的时代背景下，社会整体信息化程度不断加深，信息技术对教育的革命性影响日趋明显。"直播"作为网络时代信息传播的新手段，正被引入教育领域，带来了"直播＋教育"的迅速发展。作为"互联网＋"学习的新形式，直播教育模式具有打破"面对面学习"的时空限制、让学习更能满足学习者的个性需求、扩大名师影响范围、推进教育公平等优势。而在当前的中国古代文学类课程教学中，还普遍存在着学生自主学习意识淡薄、学生的学习积极性不高、师生间缺乏有效及时的沟通等问题。随着"直播"时代的来临，文学教学应当也必须适应形势发展，不断丰富和完善教学手段。"直播课堂"尽管还面临着一些挑战，

但其代表了未来学习互动与环境构建的一种发展方向，会受到更多"数字一代"学习者的追捧。

近年，关于直播课堂的研究方兴未艾，知网等数据库上以"直播课堂"为关键词的研究成果亦逐年增多，说明"直播课堂"已逐渐成为学界关注的热点。而当前关于直播课堂的研究和实践中，把翻转课堂理念引入直播课堂的研究尚属少数，其研究潜力巨大。在这样的背景下，聚焦"直播＋翻转"课堂教学模式的构建，推动新信息技术环境下的本科课程教学改革，具有较强的时代性、现实性和必要性。

（二）"直播＋翻转"课堂是"直播＋教育"的最新探索方向

2019 年 4 月，在北京召开的中国慕课大会明确提出了"识变、应变、求变"的主题，这深刻地启示我们：在"互联网＋"的时代浪潮中，应当努力聚焦信息技术、智能技术与教育教学的深度融合，深入推进教育理念、教学内容、教育教学模式与方法的深刻变革。在此背景下，探索"直播＋教育"的新路径，恰逢其时，有着重要的意义与价值。具体而言：

第一，有利于探索"直播课堂＋翻转课堂""线上学习＋线下翻转"的混合教学模式，实现多种教学模式的优势互补。

第二，有利于促使汉语言文学教师转变教学观念，紧跟时代潮流，提升教学素养和教学能力，促进教师的专业化成长与发展。

第三，有利于调动学生的积极性，激发学生的学习兴趣，培养学生自觉学习和主动学习的能力，提升课堂教学的实效性。

第四，有利于加强师生互动，柔化师生关系。教师除了在课堂上与学生面对面接触外，在网络上还将以更加平等、轻松的方式与学生交流，拉近师生距离。

第五，有利于丰富学习资源，完善学习平台。直播资源和平台的不断完善，将为学生的学习提供更有针对性、更加多元化、更具个性化的教学资源。

第六，有利于建立多层次、优势互补的教研团队，提升课程建设的水平，为建设各级各类精品特色课程打下坚实的基础。

二、"直播＋翻转"课堂教学模式的研究路径

(一)"直播＋翻转"课堂教学模式研究拟解决的主要问题

从教学方法、教学手段、教学过程、教学评价等方面对该模式进行构建，并在一线教学实践中加以检验，以求最大限度地激发学生的学习兴趣，提升课堂教学的实效性。

通过研究，拟解决如下主要问题：

第一，通过理论研究和实践操作，促使课题组教师转变教育理念，获取新的教学技能，掌握新的教学方法，跟上教学改革的潮流和脚步。

第二，通过理论研究和实践操作，丰富古代文学类课程的教学内容和教学手段，丰富学生的学习方式，使学生获得更多优质的学习资源，提高学生的自学能力，加强学生的团队合作意识，实现学习效益的最大化。

第三，通过理论研究和实践操作，构建一个符合实际、可操作性强的古代文学类课程"直播＋翻转"混合课堂教学模式，使直播学习和翻转学习不流于形式。

(二)"直播＋翻转"课堂教学模式研究的具体思路

1. 厘清关系，理论梳理

针对当前学术界关于"直播课堂"和"混合课堂"的研究文献和成果进行分析梳理，厘清传统课堂、直播课堂、翻转课堂的关系与区别。总结典型案例，为具体教学模式的构建奠定理论与文献基础。

2. 长短互较，利弊反思

在文献和成果梳理的基础上，比较传统课堂、直播课堂、翻转课堂各自的优势和适用场景，用全面、辩证、理性的眼光看待传统教学和网络教学、直播教学与翻转教学，实事求是地进行分析，既充分肯定其优势，又正视其不足。

3. 构建模式，实践完善

从教学方法、手段、过程和评价等方面入手，努力探索传统课堂和网络课堂、直播课堂与翻转课堂优势互补、相得益彰的教学模式，以求既能发挥教师的引导、启发、监控教学过程的主导作用，又能充分体现学生作为学习主体的主动性、积极性和创造性，培养其自学能力和创新能力。

三、"直播＋翻转"课堂教学模式的理论及实践

（一）理论观照："直播＋翻转"课堂教学模式的理论梳理

1. 概念界定

"直播课堂"是指将直播作为信息传播手段引入课堂教学领域，其本质是将直播教师现场发生的教学内容，以某种载体形式实时地（或适当延时）通过网络技术发布给学习者。[①]

直播课堂的基础是直播技术的发展和演进。直播作为一种传播方式，在历史上是随着电视的产生而出现的，最早也应用于电视传播领域。后来随着互联网的诞生和快速发展，有线网络直播应运而生。但这种直播的方式往往比较单一，一般是面对电脑屏幕进行解说，而且对时间和空间也有要求。近年，随着移动互联网技术的成熟，特别是随着智能手机的普及、各类直播 App 的出现，直播的形式越来越灵活，限制越来越少，门槛越来越低，参与人数越来越多，还催生出了一大批"网红"群体。自"中国网络直播元年"（2016 年）以来，直播平台和直播人数都呈现井喷式增长，这也为直播课堂的产生和发展提供了时代土壤。

曾有研究者把我国的在线教育分为三个阶段："第一代以简单的文字和图片为主；第二代以录播为核心；第三代则是直播。"[②] 此观点颇具启发意义。如果把"图文为主型"视为在线教育的 1.0 时代，"录播为主型"视

---

①倪俊杰，丁书林. O2O 直播课堂教学模式及其实践研究 ［J］. 中国电化教育，2017 (11)：114－118.

②郝春娥. 教育直播引发的中国教育形态变革 ［J］. 中国教育信息化，2016 (12)：39.

为在线教育的 2.0 时代，则可把"直播为主型"视为在线教育的 3.0 时代。这里的时代变化，并不只是简单的数字更替，它们在教学方式、教学手段和教学效果诸方面都有了本质的进步。这体现着互联网技术的日益成熟和智能学习终端的日益普及。3.0 时代的直播课堂不仅"向下兼容"前两代在线教育的优点，而且有自己独特的优势。

直播课堂的前身是远程教学，目前已经历了邮件通信时代、广播教学时代、卫星广播时代、互联网时代四个阶段。根据直播对象人员关系的不同，可以分为一对一直播、一对多直播、多对多直播等；根据直播技术和直播呈现形式的不同，可以分为图片文字型直播、图片语音型直播、音视频型直播和综合应用型直播。相比于传统的在线教育方法，直播课堂拥有巨大的潜在市场。然而，纯线上的直播教学由于网络、技术、教学组织等方面还存在一定的限制，不能满足学生对真实情感体验的需求，教学效果有待提升，需要与翻转课堂相结合，达到优势互补、相得益彰之效。

2．直播课堂的优势与不足

（1）直播课堂的优势

通过把直播课堂引入汉语言文学类课程的实践，笔者认为，与"图文为主型"教学模式和"录播为主型"教学模式相比，"直播为主型"教学模式有显著优势。

首先，直播课堂还原了课堂的沉浸感，进一步加强了课堂的互动性。

"录播为主型"的在线教育时代，虽然具有内容质量高、复制传播性强、时间地点灵活等优势，但学生的课堂沉浸感体验仍显薄弱。因为学生观看的是提前录制好的视频，教师不能及时地和学生进行反馈和互动。虽然有的录播课堂（比如自 2012 年以来蓬勃发展的慕课）配有相应的课程论坛和讨论区，但实际学习中仍然存在着一种滞后性，学生不能像面对面授课那样实时得到教师的反馈。更进一步看，在课堂教学过程中，除了师生提问、回答这种语言交流之外，教师的肢体语言和师生实时的情感交流也是不可忽视的重要方面，这恰恰是"录播为主型"的教学模式所缺乏的。

相反，直播课堂作为一种实时交互的课堂教学模式，师生间具有"同场同步性"的特色，教师的肢体语言、表情动作等都可以及时反馈给学生，学生因此会大大增强学习的临场感和沉浸感，获得更加接近于面授的课堂教学体验。比如，在讲授"古代诗歌的吟诵"这一部分内容时，教师先做示范吟诵，再实时选择让收看直播的学生进行模仿跟读，然后予以点评，这就及时掌握了学生的接受效果。

其次，直播课堂降低了课程的实施门槛，进一步提升了学习的自由度。

在网络和智能终端设备不够普及的时代，在线教育只能采用简单的图片和文字传输这一形式，后来伴随着技术的进步，学生可以自由选择各类精品线上视频课程来学习。在学生日益得到便利的同时，不容忽视的一点是：制作录播课程的门槛普遍较高。从软件和硬件的准备、场地的安排、视频的录制到后期编辑制作等，都有较高的技术要求，需要专业的制作团队配合。而在直播时代，各类直播平台功能日益完善、操作日益简单化，人人都能当主播，人人都能看直播。在手机性能、网络带宽、上网资费等硬件条件越来越便利的今天，教师可以根据时间与课程进度，随时随地进行直播，学生也可以随时随地进行学习，教学的自由度进一步提升。同时，直播课堂让人人都能成为知识的传授者，除了传统的师生教学之外，生生教学也成为可能。比如，在汉语言文学直播教学中，一位教师，一部能上网、能摄像的手机，就是一个微型的直播课堂；而学生也可以自由组建直播小组，自己当老师，随时随地分享自己的学习心得，互教互学。

最后，直播课堂增强了师生的责任感，进一步提高了课程的完成度。

在录播时代，教师的授课视频是经过后期制作剪辑后再发布到网上的，教师有比较充裕的时间对讲授中出现的错误或者不满意的部分进行修改和调整。而直播课堂的即时性使教师必须尽可能地减少错误，因为教师随时会受到学生的监督，这就对教师的授课效果提出了更高的要求。一方面，在直播模式下，教师除了讲授知识点之外，还必须实时观看和反馈学生的问题。相比录播，教师的注意力更加集中，压力也更大。相应地，这也让教师在直播前做好了更加充分的准备，以应对直播过程中可能出现的各种情况。另一方面，在直播课堂上，学生也将面临教师即时的提问和检查，这就很好地弥补了录播教学模式下学生参与度低、完成度低的不足。比如过去在观看慕课视频时常出现的学生一边开着视频、一边做自己事情的"刷课"问题，在直播课堂上，将会因为教师随时随地的检查和督促而得到相应解决。

（2）直播课堂的不足和改进建议

毋庸讳言，直播课堂也不是十全十美的。在教学实践中，笔者发现直播课堂目前还存在两方面的不足：

其一，直播课堂的师生互动仍然具有局限性，不能完全取代传统学校教育的面对面教学。

一方面，虽然直播课堂力图在授课效果上接近真正的面对面课堂教学，但这种"面对面"局限于网络，局限于直播平台，局限于直播过程中。一旦直播结束，师生的互动和交流也就相应结束。虽然很多直播平台有直播录像回放的功能，但这样恰恰又回到了录播时代的学习模式，没有发挥直播课堂的即时互动优势。另一方面，在传统学校教育的面对面教学中，师生之间的互动和交流是多方面和全方位的。传统课堂中可能出现的欢快气氛、集体聆听相互感染的氛围、临时生成的问题和精彩回答，都是线上课堂缺乏的。除了课堂上的互动交流，还有课后的互动交流，以及参加校内活动或学术活动的互动交流等。可见，师生之间现实的互动交流无论是深度还是广度上都要远远超过直播时的互动交流。

其二，直播课堂的学生参与度与师生间的熟悉程度成正比。

虽然直播课堂的学生参与程度比传统的录播课堂要高，但不同直播课堂的参与程度实际上存在着很大差异。如果师生之间比较熟悉，那么在直播时，学生参与的热情就更高；如果师生之间比较陌生甚至完全没有见过面，那么直播时，学生的反馈和互动热情就会相应降低，有时还会出现

"冷场"。这对直播中的教师而言，无疑是一种消极影响。

以上两个因素都会影响直播课堂的最终效果。而这两点因素归结到一点，则给我们带来如下启示：直播者和学习者之间，如果能够有机会实现线下见面，那么效果将会好于单纯的线上授课。与普通人把直播当成一种休闲和娱乐手段不同，学校的直播课堂必须追求更好的直播教学效果。因此，在开展直播课堂的学期中，师生之间的线下定期见面是必要的。那么，如何充分发挥线上直播课堂和线下见面课堂的优势呢？翻转课堂恰恰能够满足这样的要求。

在录播课程时代，比如慕课兴起时，翻转课堂就已经受到广泛的重视。很多教师把线上慕课与线下见面课程相结合，实现翻转。与录播时代相比，直播时代的翻转课堂则需要进一步深化，因为学生的线上学习除了观看视频之外，还需要得到老师及时的引导和支持。虽然课程论坛和线下的见面课程可以在一定程度上满足学生的反馈需求，但其滞后性仍是不容忽视的，学生仍然较难得到实时的反馈和引导。因此，将直播课堂与翻转课堂结合起来，打造"直播＋翻转"的课堂教学模式，可谓一举两得：对线上直播课堂而言，通过线下的见面课程，既弥补了纯线上直播课堂中师生互动交流的局限性，又疏解了因师生之间熟悉程度不同而带来的陌生感和疏离感；对线下翻转课堂而言，师生间能获得比录播课程更为迅速及时的学习效果反馈，增强了翻转课堂的翻转程度和翻转效果。

因此，通过借鉴"直播课堂"与"翻转课堂"相关理论，在分析传统课堂教学与直播教学各自优势与不足的基础上，将线上学习和线下教学有效结合，能够在一定程度上弥补纯线上直播的缺陷，逐步形成科学的、符合课程改革要求的、具有可操作性的古代文学类课程的新型教学模式。

3. 理论基础

"直播＋翻转"课堂教学模式在本质上仍属于翻转课堂的范畴，但在翻转程度上又与过去的翻转课堂有较大区别，可以视为"深度翻转课堂"。具体而言，"直播＋翻转"课堂教学模式仍然包括线上学习和线下学习，但是学生在线上部分观看的，不再是教师的录播课程，而是实时直播；另外，师生还需要通过定期的线下见面，实现翻转授课。总之，"直播＋翻转"课堂并不是对传统翻转课堂的颠覆，而是深化。从理论基础上看，这一教学模式与如下教学理论有密切的关系：

一是群体学习理论。美国心理学家卡尔·罗杰斯（Carl Rogers）认为，网络环境下的群体学习是"借助互联网技术，以团队学习为组织形式的一种平等、开放、共享的新型学习方式"。学员在自由氛围中学习、讨论，其思想是源于自己的感觉与情感。在直播课堂的教学过程中，师生身处异地，通过直播平台和互联网产生联系，属于特殊条件下的群体学习。

二是认知负荷理论。这是一种根据人脑认知结构而建构的教育心理学理论，主要用于解释不同教学设计的学习效果。澳大利亚认知心理学家约翰·斯威勒（John Sweller）认为："教学的主要功能是在长时记忆中存储信息，知识以图式的形式存储于长时记忆中。"在研究直播课堂的过程中应当参考认知负荷理论，以免学生超载负荷或者负荷不足。①

三是 O2O 直播课堂学习理论。倪俊杰、丁书林认为：O2O 是"Online to Offline"的缩写，而 O2O 直播课堂就是一种"依托网络教学平台，通过技术手段将线上学习和线下学习相结合的直播课堂"。该课堂的优势主要表现在即时性、互动性、仪式感、公平性和混合性等几个方面。②

四是 SOHO 式学习理论。孙田琳子、张舒予等认为：SOHO（Small Office/Home Office）式学习，是指学习者能够根据自己的实际情况自由选择学习的内容、时间、地点，"它代表着一种灵活、自由、弹性、自主的学习方式"。这种方式兼容了移动学习、在线学习等多种新型网络学习方式，包括翻转课堂、慕课学习以及在微信群、QQ 群、博客、论坛里的学习。在直播课堂中，学生可根据个人实际需求任意选择参与适合的直播

①高媛，黄真真，李冀红，等. 智慧学习环境中的认知负荷问题［J］. 开放教育研究，2017（1）：56－64.

②倪俊杰，丁书林. O2O 直播课堂教学模式及其实践研究［J］. 中国电化教育，2017（11）：114－118.

活动，具有较强的自主性和随机性。[①]

（二）模式建构："直播＋翻转"课堂教学模式的三大阶段

"互联网＋"时代，在社交媒体、智能手机、高速网络的合力作用下，"直播"技术和平台日益走向成熟，"全民直播"正如火如荼。直播时代的到来，为改变传统教学形式、改进教学手段、提高教学质量提供了新的机遇。从媒体的发展过程看，网络直播是当今媒体的最高端形态，它充分吸取和延续了互联网的优势，将直播现场和受众进行实时连接，使受众获得最直接最真实的体验。那么，在教育领域，如何充分发挥直播手段的优势呢？

第一阶段：课前准备阶段。

在这一阶段，教师要做两件事情：首先，要对课程内容进行精心设计和选择。教师要根据课程大纲要求和知识点实际情况，确定哪些内容放在网上直播教学、哪些内容放在线下翻转教学。一般而言，网上课程出现过的知识点，线下就不再进行简单重复，反之亦然。这样才能收到线上线下相辅相成、相得益彰之效。其次，教师要提前发布导学任务，预告教学安排，创设相关的情境。相应地，学生在这一阶段需要及时获取任务，并展开提前预习。

第二阶段：线上直播阶段。

线上直播阶段要重点解决两个方面的内容：一是线上学习平台的选择与培训，二是教师的在线直播与师生实时互动。虽然当前在线学习平台种类繁多，但很多侧重于精品录播课程的观看学习，没有提供实时直播的功能；有的虽然可以提供直播，但有较昂贵的使用费用或者较复杂的权限要求。因此，在选取直播学习平台时，要根据师生的实际需要和现有的软硬件条件进行合理选择。

一方面，在线上直播过程中，教师面对的是镜头而不是学生，可能会

---

①孙田琳子，张舒予，沈书生. SOHO 式学习："互联网＋"时代下的学习新形态［J］. 中国电化教育，2017（2）：13－19.

产生一定的不适应感。因此，直播教学对教师提出了更高的要求，教师必须调整角色以尽快适应直播教学的要求。在传统教学中，教师是一个讲授者，只需要把知识点讲深讲透；而在直播教学中，教师除了讲授之外，还承担着主持人的角色。因为隔着屏幕和镜头，学生的临场感与真实课堂还是有差异的，其学习的注意力和自觉性较之于传统面授课堂要显得薄弱一些。所以，教师作为直播者，需要从学生的实时反馈中发现问题，及时进行调整和引导，调动学生的情绪，保证直播不"冷场"，使学生的注意力始终保持在观看直播上。另一方面，作为学生，除了仔细聆听教师的直播教学之外，还需要积极参与直播时的教学活动，实时与教师互动，以便及时提出疑惑，同时为教师提供更多的反馈信息。

第三阶段：线下翻转阶段。

直播课堂虽然为学生提供了比传统慕课更为真实、更加具有现场感的教学体验，但对于大学课程特别是核心课程的学习而言，仅仅依靠线上直播课堂的教学恐怕还是不够的。教师还需要定期与学生见面，在传统课堂中实现翻转。这样做的目的有三：首先，对前次线上直播教学的学情进行通报，对学习效果进行分析，对表现优秀、积极互动的学生及时给予表扬和鼓励，对表现较差、自觉性不足的学生及时给予督促和告诫，以保证全班的整体学习效果；其次，对于教学中的某些重点和难点，以及直播中发现的共性问题，教师有必要再次阐述和强调，以加深学生的学习印象，夯实知识点；最后，教师还可以利用翻转课堂，组织学生进行小组汇报和生生互评，展示学习成果，提高学生的自学能力和协作意识。

学生在翻转阶段，则需要以小组的形式积极开展实践性学习活动，用所学知识提出问题、分析问题、解决问题。这有助于使学生由被动学习转变为主动学习，提高师生交流互动的频率和质量，践行以教师为主导、以学生为主体的课堂教学改革理念。

参考文献

［1］和勇. 汉语言文学专业课程教学研究［M］. 昆明：云南大学出版社，2021.

［2］蒋福建. 当代高校汉语言文学课程教学研究［M］. 长春：吉林出版集团，2021.

［3］汪淑霞. 中国传统文化传播和汉语言文学教学研究［M］. 长春：吉林出版集团，2021.

［4］朱峰. 汉语言文学教学及其人才培养研究［M］. 长春：吉林文史出版社，2021.

［5］叶立文. 文学经典与文学的大众化［M］. 广州：广东高等教育出版社，2021.

［6］王洪岳. 文学批评与反思［M］. 北京：九州出版社，2021.

［7］王向远. 东方文学史通论［M］. 北京：九州出版社，2021.

［8］许苗苗. 网络文学的媒介转型［M］. 北京：中国社会科学出版社，2021.

［9］袁盛财，闫冠华，张文秀. 汉语言文学与传统文化融合发展［M］. 延吉：延边大学出版社，2020.

［10］高云燕. 汉语言美学欣赏与文学写作创新［M］. 长春：吉林出版集团，2020.

［11］邢娜，白宁. 中华优秀传统文化与语言文学［M］. 长春：吉林出版集团，2020.

［12］吴燕侠. 语言学理论实用教程［M］. 成都：西南交通大学出版

社，2020.

[13] 周海波. 中国现代文体理论导读［M］. 青岛：中国海洋大学出版社，2020.

[14] 王向远. 宏观比较文学导论［M］. 北京：中国书籍出版社，2020.

[15] 袁进. 文学的转型［M］. 上海：复旦大学出版社，2020.

[16] 杨庆祥. 文学的现场［M］. 南京：江苏凤凰文艺出版社，2020.

[17] 朱光潜. 谈文学［M］. 南京：江苏人民出版社，2020.

[18] 岳凯华. 文学会议与中国现当代文学的发生［M］. 北京：知识产权出版社，2020.

[19] 魏宜辉. 汉语言文学本科专业核心课程研究导引教材·古代汉语［M］. 南京：南京大学出版社，2019.

[20] 王志. 汉文学史小讲［M］. 上海：上海三联书店，2019.

[21] 刘钦荣，刘安军. 汉语言文字理论与应用研究［M］. 北京：中国社会出版社，2019.

[22] 侯影. 汉译文学性概论［M］. 武汉：武汉大学出版社，2019.

[23] 田喆，刘佩，石瑾. 汉语言文学导论［M］. 长春：吉林文史出版社，2019.

[24] 潘伟斌，何林英，刘静. 现代汉语言文学研究的多维视角探索［M］. 长春：吉林大学出版社，2019.

[25] 王西维. 汉语言文学与大学生人文素质教育［M］. 长春：吉林人民出版社，2019.

[26] 张红灵. 汉语言美学欣赏与文学写作研究［M］. 长春：吉林出版集团，2019.

[27] 顾阅微. 网络语言对汉语言文学发展的影响［M］. 南京：江苏人民出版社，2019.

[28] 汪正龙. 汉语言文学本科专业核心课程研究导引教材·文学理论

［M］. 南京：南京大学出版社，2019.

　　［29］李怡，毛迅. 现代中国文化与文学［M］. 成都：巴蜀书社，2019.

　　［30］于洪亚，曾剑. 语言学与跨文化互动研究［M］. 长春：吉林出版集团，2019.

　　［31］朱文斌，庄伟杰. 语言与文化论坛［M］. 上海：上海交通大学出版社，2019.

　　［32］关秀丽. 文学理论与文学创作研究［M］. 北京：现代出版社，2019.

　　［33］王丹红. 文学语言与形象书写［M］. 北京/西安：世界图书出版公司，2019.

　　［34］郑祥琥. 文学进化论新探［M］. 北京：知识产权出版社，2019.

　　［35］曹顺庆，张放. 华文文学评论［M］. 成都：四川大学出版社，2019.

　　［36］师帅. 中国古代文学的发展［M］. 北京：中国大地出版社，2019.